Abdelhadi Adel
Kadri Ouahab

Uma Abordagem de Sistemas Multi-Agentes e Métodos Emergentes para a Manutenção

Abdelhadi Adel
Kadri Ouahab

Uma Abordagem de Sistemas Multi-Agentes e Métodos Emergentes para a Manutenção

ScienciaScripts

Imprint

Cover image: www.ingimage.com

This book is a translation from the original published under ISBN 978-613-3-99571-0.

Publisher:
Sciencia Scripts
is a trademark of
Dodo Books Indian Ocean Ltd. and OmniScriptum S.R.L publishing group

120 High Road, East Finchley, London, N2 9ED, United Kingdom
Str. Armeneasca 28/1, office 1, Chisinau MD-2012, Republic of Moldova, Europe
Printed at: see last page
ISBN: 978-620-8-08046-4

RESUMO

Agradecimentos

Não seria razoável negar o facto de que uma tese continua a ser, no entanto, um trabalho coletivo. A minha é o culminar de muitos anos de trabalho árduo, paciência e perseverança. Durante todos estes anos, fui ajudado e aconselhado por várias pessoas, a quem devo expressar os meus sinceros agradecimentos.

É à Sra. Leila Hayet Mouss, professora da Universidade de Batna, que cabe o mérito de dirigir este trabalho. Ela deu-me excelentes ideias e perspectivas sobre o trabalho ao longo da sua evolução e nunca deixou de me aconselhar, permitindo-me concretizar as minhas ideias livremente. Que ela encontre aqui os meus sinceros agradecimentos.

Expresso também a minha gratidão ao Sr. MOUSS Med Djamel, professor da Universidade de Batna, pela honra que teve em presidir a este júri.

Gostaria de expressar a minha gratidão ao Sr. BENMOHAMMED Mohamed, professor da Universidade de Constantine, por ter podido avaliar este trabalho e ser membro do júri da minha tese.

Gostaria também de expressar os meus sinceros agradecimentos ao Sr. BATOUCHE Med Chawki, Professor da Universidade de Constantine, pela sua participação na avaliação científica deste trabalho.

Gostaria também de agradecer aos meus amigos, colegas de doutoramento, que me apoiaram e encorajaram.

Finalmente, os meus agradecimentos vão também para todos aqueles que contribuíram para a realização deste trabalho, mas também para Kadri Ouahab pelo seu encorajamento diário. Dedico uma menção especial a Touta pela sua confiança e encorajamento.

Ao meu pai Mohamed.

Para a minha mãe Mansoura.

A toda a minha família.

CURRÍCULO

O objetivo principal deste livro é propor abordagens híbridas baseadas nos SMA de um lado, e a exploração de métodos de emergências como os Algoritmos Genéticos (AG) e os algoritmos do Sistema Imunitário Artificial (SIA), para melhor integrar as políticas de manutenção preventiva sistemática nos ateliers de ordenação. O objetivo é minimizar os tempos de espera durante o processo de encomenda.

Utilizámos opções avançadas, tais como: o clérigo aliado à codificação, a seleção da classificação, o corte uniforme e a mutação pontual única.

Por outro lado, desenvolvemos um novo processo de cálculo de afinidade no âmbito da abordagem FSHMAIA. Este processo baseia-se no cálculo de um rácio de similaridade dos anticorpos. Para o efeito, propusemos um algoritmo baseado em quatro critérios para calcular o rácio de similaridade.

Também avaliámos as adaptações de alguns sistemas heurísticos bem conhecidos, nomeadamente Johnson (m / 2, m / 2), NEHH, PCDT e PLDT,

Foi efectuado um teste de referência para avaliar os algoritmos. O benchmark continha até 100 jobs e 8 etapas. Todos os resultados demonstraram que o FSHMAIA apresenta os melhores resultados em relação aos outros algoritmos, nas três políticas da MP.

A originalidade deste trabalho reside na utilização dos SMA com os AG e os SIA na integração das políticas de manutenção preventiva sistemática numa encomenda de tipo flow shop híbrido.

Mots clés : *Sistemas multiagentes, Emergência, Manutenção sistémica, Sistema imunitário artificial, Algoritmo genético, Ordenação, Loja de fluxo híbrida.*

RESUMO

O principal objetivo do nosso livro é propor abordagens híbridas baseadas em MAS, por um lado, e a exploração de métodos emergentes como os Algoritmos Genéticos (AG) e os algoritmos do Sistema Imunitário Artificial (SIA) para melhor integrar políticas de manutenção preventiva sistemática em oficinas de programação.

O objetivo é minimizar o tempo de execução durante o processo de programação.

Utilizamos operadores avançados; a chave aleatória para codificação, a seleção de classificação, o cruzamento uniforme e a mutação de ponto único.

Além disso, definimos um novo procedimento de cálculo de afinidade no âmbito da abordagem FSHMAIA. Este procedimento baseia-se no cálculo do rácio de similaridade para cada anticorpo. Para tal, propusemos um algoritmo baseado em quatro critérios para calcular o rácio de semelhança.

Também avaliámos as adaptações de algumas heurísticas bem conhecidas, incluindo Johnson (m / 2, m / 2) NEHH, PCDT e PLDT,

Foi criado um benchmark para avaliar os algoritmos. O benchmark contém até 100 trabalhos e 8 etapas. Todos os resultados mostraram que o FSHMAIA dá os melhores resultados em comparação com os outros algoritmos nas três políticas de PM.

A originalidade deste trabalho reside na utilização de MAS com GA e AIS na integração de políticas de manutenção preventiva sistemática numa programação híbrida de flow shop.

Palavras-chave: *Sistema multiagente, Emergência, Manutenção sistemática, Sistema imunitário artificial, Algoritmo genético, Escalonamento, Hybridflow shop.*

LISTA DE ABREVIATURAS E ACRÓNIMOS

GA	GENETIC ALGORITHM
Alg_{sol}	VALUE OF THE OBJECTIVE FUNCTION OBTAINED FOR A GIVEN ALGORITHM FOR AN INSTANCE
AA	ADJUSTING AFFINITY
MKA	MOST KNOWN ANTIBODIES
RK	RANDOM KEY
PUC	PARAMEDIC UNIFORM CROSSING
D_{PM}	DURATION OF PREVENTIVE MAINTENANCE
FSHMAIA	FLOW SHOP SCHEDULING HYBRID MULTI AGENT IMMUNE ARTIFICIAL
FSHMAGA	FLOW SHOP SCHEDULING HYBRID MULTI AGENT GENETIC ALGORITHM
AI	ARTIFICIAL INTELLIGENCE
DAI	DISTRIBUTED ARTIFICIAL INTELLIGENCE
Min_{sol}	GOOD SOLUTION OBTAINED FOR EACH INSTANCE
CM	CORRECTIVE MAINTENANCE
PM	PREVENTIVE MAINTENANCE
PMS	PREVENTIVE MAINTENANCE SYSTEMATIC
SPM	SINGLE POINT MUTATION
NEH	NAWAZ-ENSCORE-HAM
N_r	BEST CHROMOSOMES OF THE CURRENT POPULATION,
HFSS	HYBRID FLOW SHOP SCHEDULING
SFSWAC	SCHEDULING A FLOW SHOP WITH AVAILABILITY CONSTRAINTS

$\mathbf{P_{j,i}}$	PROCESSING TIME OF EACH JOB J AT EACH STAGE I
PCDT	SHORTEST TREATMENT TIME
PLDT	LONGER TREATMENT TIME
$\mathbf{wd_i}$	WEIGHT OF SIMILARITY FACTORS
$\mathbf{P_t}$	PROBABILITY OF THE TRANSFER
RPD	RELATIVE PERCENTAGE OF L'ECART
AT	AFFINITY THRESHOLD
AIS	ARTIFICIAL IMMUNE SYSTEM
MAS	MULTI AGENTS SYSTEM
$\mathbf{T_{FPM}}$	FIXED PREVENTIVE MAINTENANCE
$\mathbf{T_r}$	NUMBER OF TIME UNITS THAT TAKE REPAIR
$\mathbf{T_p}$	NUMBER OF MP TIME UNITS
$\mathbf{T_{PM}}$	INTERVAL BETWEEN TWO CONSECUTIVE MPS
$\mathbf{T_{PMop}}$	OPTIMAL INTERVAL OF PREVENTIVE MAINTENANCE
PS	POPULATION SIZE
$\mathbf{x_i}$	ARTIFICIAL VARIABLE

Introdução geral

1.1 Introdução

Nos últimos anos, os industriais habituados a margens relativamente confortáveis vêem-se agora confrontados com um mercado cada vez mais competitivo, no qual a competitividade é condicionada, cada vez mais, pela utilização óptima dos recursos humanos e materiais da empresa. Neste contexto, a manutenção industrial regista atualmente um crescimento espetacular, devido à capacidade de explorar os recursos existentes na empresa para melhorar o seu desempenho.

A partir da década de 1980, surgiram problemas mais complicados, maiores restrições e as abordagens utilizadas deixaram de satisfazer as necessidades. Os problemas adequados aos seres humanos incluem outras regras como a colaboração, a aprendizagem e a distribuição de conhecimentos.

Este conhecimento pode ser partilhado por um grupo de pessoas. Por exemplo, para a conceção de máquinas avançadas, as pessoas coordenam-se de forma a recorrer a várias competências (matemáticos, cientistas informáticos, designers, etc.). Esta abordagem à conceção de sistemas deu origem a uma nova área de Inteligência Artificial Distribuída (DAI): Os Sistemas Multi-Agentes (MAS), que são sistemas que utilizam entidades inteligentes autónomas (agentes) que trabalham em colaboração para complementar um objetivo proposto.

A utilização da emergência e da auto-organização envolve também uma série de métodos meta-heurísticos, como a computação evolutiva, as redes neuronais, os algoritmos de colónias de formigas e a otimização por enxame de partículas.

A exploração do corpo humano provocou regularmente uma reflexão muito elevada pela sua grande complexidade. No âmbito da nossa investigação, apresentaremos um método de emergência muito específico que é o sistema imunitário humano. Durante muito tempo, este último permaneceu um segredo difícil de desvendar para os investigadores. Só com os progressos da microbiologia e da genética molecular é que a conceção deste sistema se tornou viável [87].

A maioria dos trabalhos sobre as relações Produção/Manutenção utiliza abordagens probabilísticas, cujo objetivo é definir o melhor momento para organizar uma ação de manutenção em função de um acordo entre o custo da manutenção e o perigo de alterar a disponibilidade das máquinas.

O principal objetivo do nosso livro é propor abordagens híbridas baseadas em MAS, por um lado, e a utilização de métodos emergentes, tais como Algoritmos Genéticos (GA) e algoritmos de Sistemas de Imunidade Artificial (AIS), para melhor integrar políticas de manutenção preventiva sistemática em oficinas de programação. O objetivo é minimizar os tempos de execução durante o processo de programação.

1.2 Contexto de trabalho

A utilização de técnicas de IA tem sido objeto de muita investigação. A possibilidade de manter sem modelação o sistema, num ambiente em que este está sujeito a adaptações e reconfigurações permanentes, é de interesse óbvio para os fabricantes.

Uma abordagem tradicional da IA consiste em propor métodos de resolução de problemas baseados nas estratégias desenvolvidas pelos sistemas naturais. Estes métodos baseiam-se geralmente numa formalização a priori do domínio do problema. Em domínios dinâmicos e incertos, como a manutenção em sistemas industriais, esta formalização torna-se difícil a priori e exige uma maior capacidade de adaptação.

As tendências actuais, bem como as necessidades crescentes e as restrições progressivas, levaram ao aparecimento de um novo eixo da IA que rapidamente se tornou um dos eixos mais importantes da informática.

Os sistemas multiagentes trouxeram uma nova imagem e uma nova forma de conceber soluções para problemas que anteriormente eram irrealizáveis ou muito difíceis de resolver. Os sistemas multiagentes permitem compreender a complexidade da resolução destes problemas.

A escolha da utilização de MASs baseadas em métodos emergentes para a integração de políticas de manutenção preventiva sistemática na programação justifica-se por algumas caraterísticas muito interessantes encontradas entre as muitas propriedades das MASs e destes métodos, emergindo e respondendo às necessidades e expectativas do nosso campo de investigação.

1.3 Organização da tese

O nosso livro está organizado da seguinte forma:

Após uma introdução geral que descreve o contexto do nosso trabalho, o Capítulo 1, Contexto e Questão, apresenta uma pesquisa bibliográfica sobre os MAS e os métodos de emergência industriais. Isto permitiu-nos posicionar o nosso problema de investigação.

Chapter 2, Sistemas Multi-Agentes, tem como objetivo estudar as noções básicas de agentes, as diferentes definições, caraterísticas, diferentes arquitecturas e os principais tipos de agentes. De seguida veremos os MASs, a sua emergência dos DAI e as suas propriedades. Abordaremos também os conceitos de agentes dentro das empresas, os novos constrangimentos e funcionalidades resultantes da cooperação entre os vários agentes que compõem a sociedade.

Chapter 3, Emergências e Metaheurísticas, apresenta na primeira secção as noções de emergência, auto-organização, definições e fundamentos adequados. São apresentados métodos metaheurísticos que utilizam a emergência no seu funcionamento, como, por exemplo, a computação evolutiva, as redes neuronais, os algoritmos de colónia de formigas e a otimização por enxame de partículas.

Chapter 4, Algoritmos do Sistema Imunitário Artificial, é dedicado às noções essenciais dos sistemas imunitários naturais e aos fundamentos teóricos em que se baseia a condução destes sistemas. Serão apresentados os sistemas imunitários artificiais que são a aplicação dos sistemas imunitários naturais para a resolução de problemas complexos. Mecanismos eficazes do sistema imunitário: seleção clonal, capacidade de aprendizagem, memorização, robustez e flexibilidade, tornando os sistemas imunitários artificiais úteis para problemas de escalonamento.

Chapter 5, Os métodos de resolução do problema de programação do flow shop são reservados para a apresentação das noções de manutenção preventiva sistemática, das suas caraterísticas e das suas políticas utilizadas. Apresentamos alguns métodos para resolver o problema da integração de políticas de manutenção sistemática na programação, para fazer comparações com as nossas soluções propostas.

Chapter 6, Abordagens desenvolvidas para a integração de políticas de manutenção de rotina na programação, apresenta o nosso trabalho de integração de políticas de manutenção preventiva de rotina em oficinas híbridas de flow shop para minimizar o makespan. Propomos duas abordagens Multiagente baseadas em dois métodos de emergência, algoritmos genéticos e sistemas imunitários artificiais.

Por fim, concluímos esta investigação apresentando as conclusões a que chegámos e as perspectivas do nosso trabalho.

1.4 Contribuições

Muitos pressupostos realistas foram incorporados nos problemas de planeamento. Por exemplo, devido à interação entre as actividades de produção e de manutenção, muitos investigadores estudaram a forma de planear ambas as actividades simultaneamente [90-98].

Foram propostas várias heurísticas para resolver o problema de flow shop scheduling [80-85], incluindo PCDT, PLDT, regra de Johnson (m / 2, m / 2) e Nawaz, Enscore e Ham (NEH).

Cada uma destas heurísticas tem muitas desvantagens. Por exemplo, os métodos propostos são frequentemente complexos e exigem tarefas de codificação difíceis para os implementar. Além disso, só são viáveis para pequenas instâncias (até 10-15 Jobs) e, mesmo neste caso, o tempo de cálculo é elevado.

As principais contribuições da nossa tese estão agrupadas em três partes. Uma primeira parte sobre uma pesquisa bibliográfica sobre o MAS e os métodos de emergência, o nosso domínio de investigação.

A segunda parte do nosso trabalho consiste em propor duas abordagens Multi-Agente baseadas em dois métodos emergentes, GAs e AISs, para integrar políticas de manutenção preventiva de rotina em oficinas híbridas de flow shop para minimizar o makespan. As duas abordagens propostas são aplicadas a três políticas de manutenção preventiva. Estas políticas são concebidas para maximizar a disponibilidade ou manter um nível mínimo de fiabilidade durante a produção.

A terceira parte da nossa contribuição consiste em propor várias variantes de heurísticas, incluindo PCDT, PLDT, regra de Johnson (m / 2, m / 2) e Nawaz, Enscore e Ham (NEH). O objetivo é fazer comparações entre as suas heurísticas e as nossas duas abordagens propostas, que se baseiam nos métodos MAS e de emergência. Além disso, extraímos vários resultados com base nestas comparações.

A originalidade deste trabalho reside na utilização de MASs com GAs e AIS na integração de políticas de manutenção preventiva de rotina numa programação híbrida de flow shop.

CAPÍTULO 1: CONTEXTO E QUESTÕES

1.1 Introdução

No domínio da produção industrial, as tendências actuais indicam que os sistemas de fabrico de elevado desempenho devem adaptar-se rapidamente às flutuações do mercado (pedidos aleatórios) e às perturbações internas (falhas das máquinas). As máquinas devem ser capazes de produzir vários tipos de produtos simultaneamente e de forma eficiente [62].

Neste contexto, para manter um desempenho constante, é essencial manter a ferramenta de produção em boas condições de funcionamento, o que constitui sempre a principal preocupação de todos os gestores num mundo industrial em que as noções de capacidade de resposta, custo e qualidade são cada vez mais importantes, sendo vital poder contar sempre com um sistema de produção eficiente. [60]

Neste capítulo apresentamos uma pesquisa bibliográfica sobre este domínio, de forma a clarificar a nossa problemática através dos trabalhos realizados no mesmo contexto.

1.2 MAS no domínio industrial

Touaf [40] propôs uma arquitetura baseada no paradigma SMA. Esta arquitetura foi concebida no âmbito de um projeto europeu denominado MAGIC (Multi-Agent based Diagnostic Data Acquisition and Management in Complex Systems). Para o diagnóstico da ocorrência de uma falha. Pode também detetar defeitos em desenvolvimento em sistemas complexos.

A figura 1.1 mostra a arquitetura geral do sistema MAGIC.

Coudert et al [46] propõem a modelação da função de programação da produção e da programação da manutenção por dois SMAs cooperantes. Utilizaram a lógica difusa para modelar os graus de liberdade temporais da negociação.

O processo de cooperação entre um agente Máquina e um agente Manutenção na modelação de Couderet et al [46] é definido da seguinte forma: antes de formular uma proposta para uma operação de fabrico, o agente Máquina pergunta ao seu agente Manutenção se o posicionamento contemplado causa um conflito com uma atividade de manutenção. Se não houver conflito, o agente de Manutenção envia o seu acordo ao agente de máquina que efectua a sua oferta.

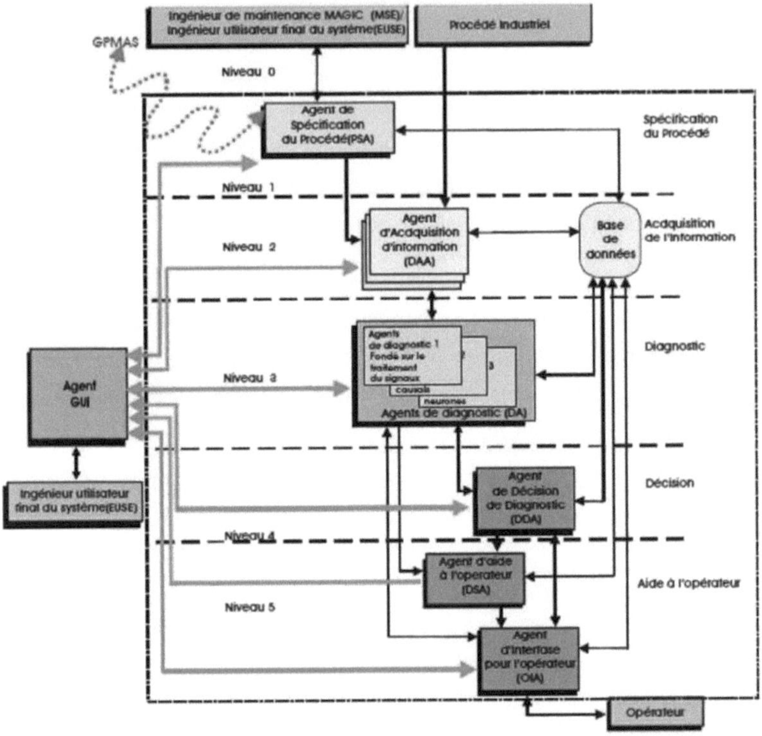

Figura 1.1 *Arquitetura geral do sistema Magic*

Se for detectado um conflito, o agente de manutenção verifica se é possível deslocar o início da atividade de manutenção dentro da sua janela de tempo. Se o início da atividade permanecer dentro da janela, o agente de manutenção aceita essa alteração e valida o posicionamento da operação de fabrico. Caso contrário, o agente de manutenção pergunta ao agente de máquina se é possível deslocar o início da operação de fabrico para dentro da sua própria janela temporal e sugere uma data de fim compatível com a janela temporal da atividade de manutenção em conflito. Se possível, a proposta é alterada; caso contrário, é necessário encontrar um compromisso, flexibilizando a restrição da atividade de manutenção ou da operação de fabrico (Figura 1.2).

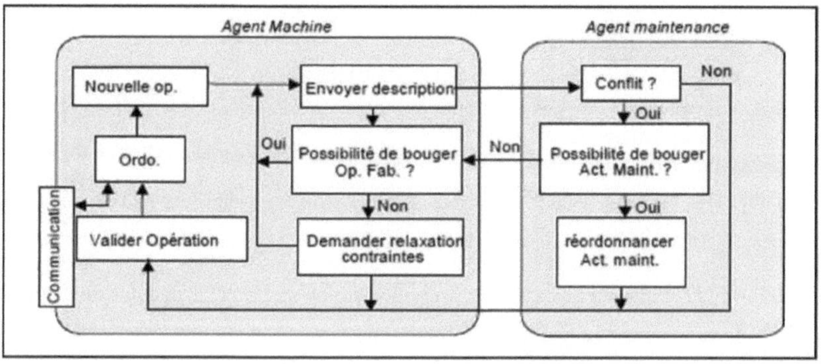

Figura 1.2 *Cooperação/negociação entre os agentes da máquina e da manutenção*

Deguet [41] considera as ligações entre emergência, SMA e resolução de problemas através de uma restrição tripla:

- Restrição da resolução de problemas na investigação heurística.
- Restrição da emergência à caraterização de verdadeiros compósitos por sinergias.
- Restrição do SMA a um modelo multi-agente baseado em processos funcionais e numa organização em árvore.

Gauthier [42] desenvolve o método ADELFE para o projeto de sistemas abertos, complexos e distribuídos, baseado na teoria dos Sistemas Adaptativos Multi-Agentes (AMAS) e no conceito de emergência. Esta teoria dá um critério de conceção local aos agentes, de modo a possibilitar a emergência de uma organização dentro do sistema e, consequentemente, de uma nova função, tornando possível o escalonamento na ausência de controlo global do sistema.

Gaber et al [43] propõem uma abordagem auto-adaptativa e auto-organizadora, baseada em agentes móveis e inspirada no sistema imunitário, para a descoberta de serviços numa rede cuja evolução é aleatória. Esta abordagem baseia-se na organização dos servidores em comunidades através da criação de redes de afinidades para representar os serviços na rede. O estabelecimento de ligações de afinidade entre os servidores permite resolver, por colaboração, os pedidos dos utilizadores.

F. Ingrand [44] desenvolve um sistema de IA em tempo real para apoiar os gestores de fluxos. Foi desenvolvido utilizando o sistema de raciocínio processual (SPR). [44] O OASIS foi concebido subdividindo a tarefa de gestão do tráfego aéreo nas suas partes principais e concebendo agentes separados para resolver cada um destes subproblemas. Cada agente resolve a sua parte da tarefa de forma independente e coopera com outros para poder produzir o comportamento geral do sistema.

Existem 5 agentes globais (ver Figura 1.3):

- COORDENADOR: desempenha o papel de gestor de tarefas, coordena as actividades de outros agentes globais e agentes de aeronaves.

- SEQUENCER: utiliza técnicas de pesquisa para organizar as aeronaves na sequência de menor tempo / custo.

- VERIFICADOR DE TRAJECTÓRIO: verifica se as instruções propostas pelo sistema não provocam uma violação das regras de segurança da separação.

- MODELO DE VENTO: utiliza observações individuais efectuadas pelos agentes da aeronave para prever o campo de vento que a aeronave pode encontrar.

- INTERFACE DO UTILIZADOR: serve como único ponto de comunicação com o gestor de fluxos e gere todas as interações do utilizador.

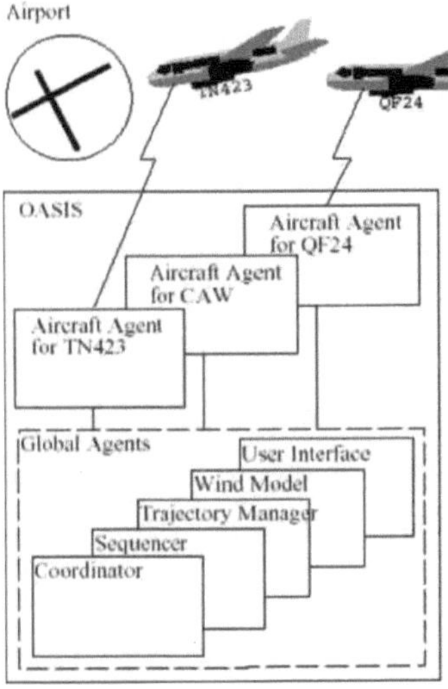

Figura 1.3 *Arquitetura geral do sistema OASIS*

O sistema OASIS é implementado num ambiente de simulação de tráfego aéreo numa estação UNIX. O sistema em tempo real SPR está implementado em LISP, mas será substituído por um sistema baseado em C++ (MARS).

O desenvolvimento do OASIS durou 2 anos e meio, podendo agora gerir exemplos reais de tráfego em hora de ponta do aeroporto de Sydney, incluindo 65 chegadas durante um período de 3 horas e meia.

1.3 Alguns estudos sobre os métodos de emergência na indústria

Benbouzid [60] propõe a adaptação de uma série de heurísticas das abordagens construtiva, iterativa e evolutiva para o caso da programação conjunta produção/manutenção numa oficina do tipo flow shop de permutação. Por outro lado, estudou a contribuição da manutenção para a robustez destas encomendas conjuntas. O objetivo do modelo proposto é introduzir a geração da programação conjunta como uma abordagem pró-ativa e demonstrar que a integração da manutenção na geração da programação da produção é vantajosa para a robustez da programação.

Harrath [47] está interessado na programação de uma loja de trabalho. O objetivo do seu trabalho é o desenvolvimento de um método de resolução tanto no caso clássico da programação da produção como no caso muito menos estudado da programação conjunta da produção e da manutenção. A sua contribuição é dupla. A primeira parte baseia-se nas soluções geradas por um algoritmo genético que são estudadas por métodos de aprendizagem. Para efeitos de validação e comparação com os trabalhos realizados na comunidade, a abordagem proposta foi desenvolvida num problema clássico do tipo J/Cmax e em benchmarks conhecidos. A segunda parte propõe um algoritmo genético de Pareto ótimo para resolver o problema de programação conjunta da produção e da manutenção no âmbito de um job shop.

O contexto de trabalho **Kaabi** [62] diz respeito à programação de actividades de manutenção preventiva de rotina em sistemas de produção.

A contribuição da Kaabi é tripla:

A primeira aba baseia-se numa regra de prioridade proposta por Chu no caso clássico de programação numa máquina.

-A segunda parte propõe um algoritmo de separação e avaliação para a geração de programas de permutação para o problema conjunto de produção e manutenção no âmbito do flow shop de duas máquinas;

- O terceiro aspeto alarga o estudo ao caso em que o flow shop tem várias máquinas. Neste caso, propõe-se um algoritmo genético com uma codificação adequada das soluções genéticas.

1.4 Aplicações dos sistemas imunitários artificiais

As aplicações baseadas na SIA provêm de uma grande variedade de domínios. Funcionam desde a aprendizagem, à robótica, à deteção de falhas e à resolução de problemas [106].

No artigo [106], os autores mencionam alguns exemplos de aplicações que servem

AIS:

1998	Um protótipo de rede imunitária artificial com o resultado da recolha de dados e do esclarecimento de dados repetidos [102].

2002	A seleção negativa é utilizada para criar um grupo de sensores para descobrir apenas o que é necessário. Esta forma de ver no reconhecimento de formas, bem como na segmentação de imagens aéreas.
2002	O algoritmo de seleção clonal continua a ser aplicado para detetar alterações em dados de séries cronológicas [88].
2003	A identificação de um conjunto de caracteres binários, que serve o algoritmo de seleção clonal [104].
2004	Abrange também o modo de seleção negativa em aplicações de sobrevivência a falhas. Isto é feito com o objetivo de criar sistemas de hardware que proporcionem um grau máximo de funcionamento, mesmo em caso de erro [78].
2005	Nas aplicações da deteção de anomalias, são os algoritmos da seleção negativa e da seleção clonal que são muito mais reais. Neste domínio, são efectuados vários estudos de investigação para a segurança dos computadores e das redes informáticas. O algoritmo de seleção negativa é utilizado para detetar um germe (não-eu) ou um cliente não registado. A seleção clonal progride (a favor da sua tarefa de hipermutação somática) e aceita um início de intervenções (células de memória) [107].

1.5 Estado da arte sobre o problema de programação Flow shop

Muitos pressupostos realistas foram incorporados nos problemas de planeamento. Por exemplo, devido à interação entre as actividades de produção e de manutenção, muitos investigadores estudaram o planeamento conjunto de ambas as actividades.

Adiri [100] prova que o problema do Flow Shop com um tempo de inatividade numa única máquina é NP-difícil.

Kubiak [94] explora a programação de um Flow Shop com restrições de disponibilidade (OFSCD). Considera duas variantes do OFSCD não preemptivo. Na primeira variante, as datas de início da manutenção são fixas, enquanto na segunda as datas de início das actividades de manutenção devem ser flexíveis. Foi aplicado um algoritmo baseado no algoritmo genético e na pesquisa tabu para resolver o problema.

Cheng e Wang [95] exploram a programação não preemptiva de dois níveis do Flow Shop com uma única máquina no primeiro andar e m máquinas no segundo andar, com o objetivo de minimizar o tempo de execução. Assumem que cada máquina teve mais do que um período de inatividade e que esses períodos são conhecidos antecipadamente. Também investigam o pior caso de desempenho de três outras heurísticas.

Reeves [99] pretende integrar a programação de uma única máquina e o planeamento da manutenção preventiva. Desenvolveu um algoritmo genético para resolver o modelo integrado criado por Kutanoglu [90].

Blazewicz et al. [91] Investiga o Flow Shop de duas máquinas por qualquer número de tempos de paragem numa única máquina e prova que o problema de minimização do makespan é altamente NP-difícil.

Breit [92] aborda o problema da programação de n trabalhos preemptivos num Flow Shop de duas máquinas em que a primeira máquina não está disponível para processamento durante um determinado intervalo de tempo.

Allahverdi [94] estuda o problema de máquinas estocásticas com falhas e tempo de configurações separadas.

Yang et al. [96] considera um Flow Shop de duas máquinas em que as actividades de manutenção devem ser realizadas após a obtenção de um número fixo de postos de trabalho. As durações destas actividades de manutenção são constantes.

Schmidt [97] investiga os métodos existentes para a resolução de problemas de calendarização com restrições de disponibilidade, bem como os resultados da complexidade.

1.6 Revisões e limitações do trabalho existente

A maioria dos trabalhos sobre as relações produção/manutenção utiliza abordagens probabilísticas para definir o melhor momento para organizar uma ação de manutenção em função de um acordo entre o custo da manutenção e o perigo de alterar a disponibilidade das máquinas (ver, por exemplo, [48], [49]). No domínio industrial, os intervalos entre as funções de manutenção são propostos pelos fornecedores de máquinas ou determinados a partir de restrições técnicas ligadas ao processo. Nos programas informáticos de programação industrial, estas funções são geralmente indicadas como intervalos de fecho: os níveis de liberdade que existiam sobre o seu posicionamento exato são assim esquecidos.

Foi feita alguma investigação sobre os sistemas imunitários para compreender os mecanismos essenciais destes sistemas e para tentar fornecer processos e processos para o desenvolvimento de novos resultados em vários domínios.

A minimização do Cmax no caso do flow-shop geral é um problema NP- difícil no sentido forte (ver [84] [88] [91] [94]). Foram propostas várias heurísticas para o resolver, incluindo PCDT, PLDT, regra de Johnson (m / 2, m / 2) e Nawaz, Enscore e Ham (NEH). Cada uma destas heurísticas dá bons resultados, mas nenhuma garante a solução óptima.

Embora tenham sido apresentados muitos métodos, incluindo a programação matemática, diferentes critérios e métodos heurísticos para integrar a programação da produção e da manutenção, estes têm muitas desvantagens.

Por exemplo, os métodos propostos são frequentemente bastante complexos e requerem tarefas de codificação extenuantes para serem implementados.

Os métodos exactos só são praticáveis para pequenas instâncias (até 10-15 Jobs) e, mesmo neste caso, o tempo de cálculo tende a ser muito elevado.

1.7 Síntese

Os métodos de Inteligência Colectiva são exemplos típicos de resolução de problemas por emergência. No entanto, apresentam caraterísticas distintivas que parecem limitativas. De facto, cada um deles está muito próximo do seu aspeto biológico e capta assim os aspectos distintivos, típicos de cada um dos protótipos. É então geralmente difícil retomá-los para os problemas que apresentam topologias ou restrições diversas.

No que diz respeito à auto-organização nos SMA, é suficiente formular os instrumentos que orientam o comportamento dos agentes de acordo com as caraterísticas distintivas do princípio da auto-organização.

A aproximação da resolução de problemas por ADMs com base em dispositivos auto-organizáveis revela então a gama de mecanismos viáveis dentro de um quadro comum que os suporta.

Existem muitos métodos de resolução de problemas que são normalmente designados por métodos de otimização. A técnica escolhida são os algoritmos dos sistemas imunitários artificiais, que serão explicados em pormenor no Capítulo 4.

A escolha desta técnica baseia-se no facto de haver pouco trabalho realizado com este método no domínio industrial, e mais particularmente na integração das políticas de manutenção sistemática na programação.

Os mecanismos eficazes do sistema imunitário: seleção clonal, capacidade de aprendizagem, memorização, robustez e flexibilidade, tornam os sistemas imunitários artificiais úteis para os problemas de programação.

Além disso, acreditamos que a hibridação desta técnica com a SMA pode dar resultados muito satisfatórios.

A apresentação das ADM será abordada no capítulo 2.

Capítulo 2: Sistemas Multi-Agentes

2.1 Introdução

Neste capítulo, apresentamos as noções fundamentais de agentes, as diferentes definições, caraterísticas, diferentes arquitecturas e os principais tipos de agentes. De seguida, veremos os SMAs, o seu surgimento da IAD e os seus campos de aplicação. Abordaremos ainda os conceitos de agentes nas empresas, os novos constrangimentos e as novas funcionalidades resultantes da cooperação entre os vários agentes que compõem a sociedade.

2.2 Agentes

Os agentes são os principais elementos das MAS. Cada um deles é uma entidade autónoma responsável pela execução de uma tarefa específica.

2.2.1 Definições de um agente

Existem várias definições de agentes, que diferem consoante o domínio de utilização e as especificidades dos sistemas.

A noção de agente é utilizada de forma bastante vaga, mas existem algumas definições claras, das quais se destacam as seguintes:

- Um agente é uma entidade física ou virtual [24].
- Capacidade de atuar num ambiente,
- Pode comunicar diretamente com outros agentes,
- Regido por um conjunto de tendências (sob a forma de objectivos individuais ou de uma função de satisfação ou mesmo de sobrevivência, que procura otimizar);
- Recursos próprios,
- Capaz de perceber (mas de forma limitada) o seu ambiente
- Ter apenas uma representação parcial deste ambiente (e possivelmente nenhuma)
- Competências e serviços
- Possibilidade de reprodução
- Cujo comportamento tende a satisfazer os seus objectivos, tendo em conta os recursos e as competências de que dispõe, e de acordo com a sua perceção, as suas representações.
- Uma entidade torna-se um agente a partir do momento em que é capaz de exercer um controlo local sobre os seus processos de perceção, comunicação, aquisição de conhecimentos, raciocínio,

tomada de decisões ou execução.

- Um agente é um sistema informático que se encontra num ambiente que pode perceber e sobre o qual pode agir de forma autónoma.

Após esta comparação, podemos concluir que esta última definição é a mais adequada para o nosso domínio de investigação.

A Figura 2.1 mostra a posição de um agente em relação ao seu ambiente.

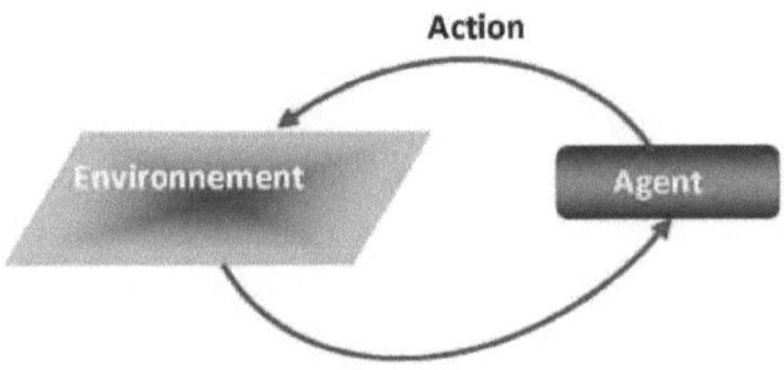

Figura 2.1 *: Agente num ambiente.*

2.2.2 Arquitetura de um agente

A estrutura de um agente é por vezes complexa. É esta estrutura que lhe permite atingir os objectivos para os quais foi concebido, reagir em função dos acontecimentos e interagir com os componentes do seu sistema.

Numa arquitetura de agente, percebem-se os parâmetros habituais, tais como: o tipo de abordagem, as estruturas de subordinação... etc. Existem várias arquitecturas, como por exemplo, as arquitecturas conexionistas de tarefas competitivas e a arquitetura baseada em módulos horizontais [24]. A arquitetura modular horizontal é provavelmente a mais utilizada, quer para trabalhos teóricos quer para aplicações práticas.

A principal arquitetura para o desenvolvimento de agentes cognitivos é concebida com base na noção de conjuntos de módulos horizontais ligados entre si. As arquitecturas modulares são concebidas como um conjunto de módulos, cada um dos quais desempenhando uma função horizontal específica. Os módulos mais comuns são:

S Actividades de perceção.

S Envio e explicação de comunicações.

S A base das crenças que interpretam a especificação do ambiente e dos outros agentes.

S A gestão dos contratos ... etc.

Podemos ver claramente na Figura 2.2 as ligações existentes entre os diferentes módulos da arquitetura deste agente.

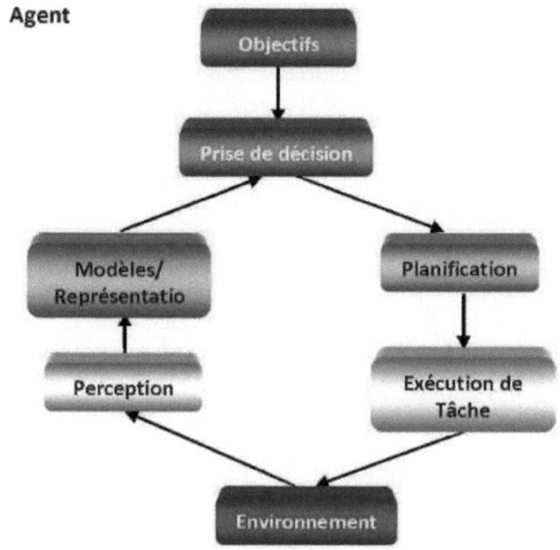

Figura 2.2: *Representação de um agente.*

2.2.3 Propriedades do agente

Entre as propriedades dos agentes, percebemos algumas caraterísticas básicas como a comunicação, bem como outras caraterísticas muito particulares dos agentes, como a sociabilidade, a reatividade... etc.

Autonomia	O agente deve ser autónomo, deve agir sozinho e apenas em função dos sinais que adquire de outros agentes ou do ambiente. O agente orienta o seu estado interno em função desses dados [22].
Aprendizagem	Os agentes têm a capacidade de aprender ao longo da sua vida. Esta aprendizagem permite-lhes progredir e até modificar o seu comportamento [25].
Comunicação	A comunicação é uma propriedade essencial dos agentes. É idêntica a base da colaboração entre agentes. Um agente pode solicitar um
	serviço de outro agente, enviando-lhe mensagens [26]. Esta propriedade é a base do comportamento social dos agentes. No entanto, existem grandes obstáculos nas noções de normas e de linguagem de comunicação, etc.
Proactividade	Um agente pode responder de forma idêntica de acordo com o que tem de

	realizar, este tipo de agentes é composto por alguma inteligência e é conhecido como agentes cognitivos e será exato a seguir.
Sociabilidade	Frequentemente, os agentes estão estruturados em grupos. Um grupo requer relações entre os seus membros. Por conseguinte, os agentes são levados a negociar, a colaborar para resolver problemas. A sociabilidade baseia-se nas interações entre agentes, que se processam através de normas de comunicação que serão especificadas mais adiante [27].
Atividade	O agente trabalha num processo separado, está regularmente ativo e não necessita de qualquer assistência humana para o realizar. [28]
Reatividade	Esta propriedade resume-se ao facto de o agente responder de acordo com o que está a acontecer no seu ambiente. O agente dispõe de sensores para recolher informações do ambiente ou de outros agentes e, em função dessas informações, pode atuar através de actuadores.

2.2.4 Classes de agentes

Em função do que o agente percepciona como situações, pode reagir. Se se tratar de um caso familiar ao agente, para o qual ele conhece "perfeitamente" a ação a realizar, trata-se de um agente reativo. Por outro lado, se este caso é familiar ao agente mas requer algum "raciocínio" para o resolver, trata-se, neste caso, de um agente cognitivo [29]. Existem duas categorias de agentes:

2.2.4.1 Agente reativo

Esta classe de agentes é descrita pelo facto de não terem qualquer descrição do seu ambiente, nem do mundo de que dependem. Estes agentes são os mais simples de implementar porque são interpretados de acordo com o estímulo. O agente será acomodado como casais "Estímulo / Resposta".

Muitas vezes, os agentes reactivos são vistos como pouco ou nada inteligentes, e observamos que a inteligência revelada pela colaboração de diferentes agentes.

Estes últimos são de graus inferiores e têm apenas uma norma e uma língua de correspondência reduzida.

A Figura 2.3 apresenta uma apresentação geral de um agente reativo.

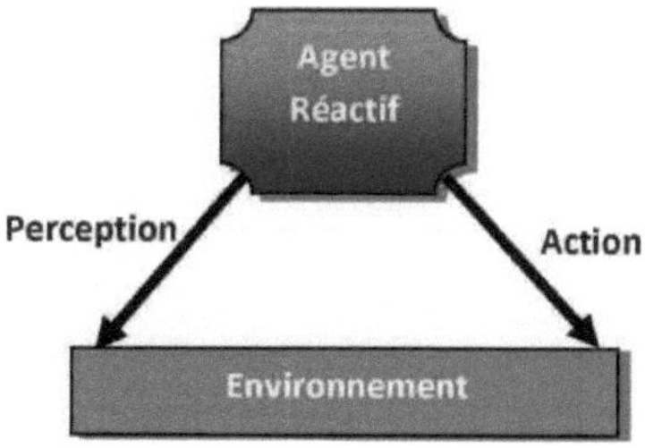

Figura 2.3: *Agente reativo*

De acordo com os defensores desta abordagem, não é obrigatório que os agentes sejam inteligentes para que o sistema se comporte de forma inteligente.

Os exemplos preferenciais deste tipo de sistemas compostos por entidades pouco inteligentes mas cuja colaboração conduz a sistemas altamente inteligentes são as colónias de formigas [28].

2.2.4.2 Agentes cognitivos

Ao contrário dos agentes reactivos, os agentes cognitivos são geralmente dotados de uma certa inteligência e de uma boa representação do ambiente e do mundo a que pertencem.

Os grupos de agentes cognitivos são normalmente compostos por um pequeno número de agentes. Estes agentes são análogos aos sistemas periciais e são agentes comunicantes [30].

Estes agentes têm um diagrama muito claro do seu ambiente. Cada agente tem percepções que incluem informações e conhecimentos. Diz-se que os agentes cognitivos são conscientes porque têm objectivos a atingir, com uma verdadeira IA e uma capacidade de aprendizagem e de adaptação.

A figura 2.4 mostra a estrutura geral de um agente cognitivo.

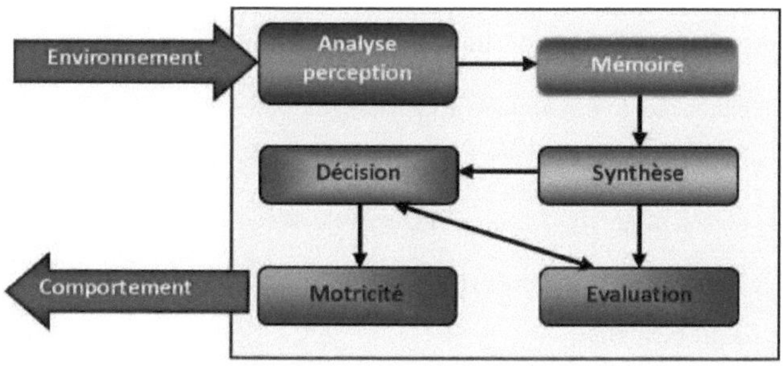

Figura 2.4: *Agente Cognitivo*

Os agentes cognitivos são interessantes independentemente e simultaneamente pela sua inteligência. Por outro lado, a razão de ser dos agentes reactivos é exclusivamente a interação com os outros agentes, e a realização de tarefas claras e simples [22].

2.2.5 Normas de comunicação entre agentes

Dado o elevado número de interdependências entre agentes e a divergência funcional dos agentes, é necessária uma norma de comunicação para normalizar as mensagens e os sinais entre agentes. Foram apresentadas algumas propostas de linguagens de comunicação [21]:

Formato de Intercâmbio de Conhecimentos (KIF)	Baseada principalmente na lógica de primeira ordem, esta norma permite-nos formular as caraterísticas de um domínio específico. A KIF é uma notação análoga à linguagem de programação LISP com alguns operadores e quantificadores.
Meta-linguagem de consulta de conhecimentos (KQML)	De uma forma mais geral, o KQML admite desenvolver o formato geral de uma mensagem. Em termos de programação, uma mensagem KQML é um objeto recolhido da classe de mensagem e tem atributos.
Fundação para Agentes Físicos Inteligentes (FIPA)	Extensão da KQML, uma norma de linguagem Agent Communication Language (ACL), foi criada pela FIPA em 1995. A ACL é composta por várias unidades performativas e mais atributos

2.2.6 Agentes e objectos

Os dois eixos principais da computação atual são a programação orientada para os objectos (OOP) e a programação orientada para os agentes (POA). As diferenças essenciais entre os dois acessos [21]:

S Um agente é um objeto induzível, racional, autónomo, capaz de comunicar e de agir.

Um agente de software é preferencialmente concebido como um objeto com as propriedades de um processo.

S Um objeto O1 pode chamar um método existente de um objeto O2 que necessite de o fazer.

S Um agente A1 pode solicitar a execução de um método ao agente A2, que é livre de o executar ou não.

S Um agente trabalha em função do seu objetivo, das suas limitações e das suas aptidões.

Estes pontos marcam a diferença entre agentes e objectos, e é nesta base que se baseia a escolha da abordagem a utilizar em função da problemática.

2.3 Sistemas Multi-agentes

2.3.1 História dos sistemas multiagentes

As ADM são o encontro de vários domínios de investigação:

- A IA para o aspeto decisório do agente.
- Sistemas partilhados e IA partilhada para as interações e a entrega da execução.
- Engenharia de software para a mudança para elementos de software cada vez mais livres e proactivos.

Uma das principais fontes de inspiração para as SMAs é o comportamento das colónias de animais e de alguns grupos de insectos, como as formigas, as abelhas e as térmitas. A inspiração tem origem idêntica noutros domínios relacionados, especialmente a sociologia, a psicologia social, as ciências cognitivas e muitos outros [31].

A investigação na disciplina de ADM tem dois objectivos importantes. O primeiro diz respeito à análise teórica e empírica dos dispositivos que ocorrem quando certas entidades autónomas interagem. O segundo centra-se na realização de programas partilhados capazes de realizar funções difíceis através da colaboração e da interação. A sua situação é, portanto, dupla: por um lado, situa-se no âmbito das ciências cognitivas, sociais e naturais para especificar, desenvolver e simular acontecimentos naturais, e provocar protótipos de auto-organização; por outro lado, apresenta-se como uma prática e um método que visa a realização de sistemas informáticos complicados a partir das noções de agente, mensagem, colaboração e organização dos factos.

Pode dizer-se que os ADM surgiram com o aparecimento da IA. Na sua origem, o IAD apenas pretendia colaborar com os solucionadores de problemas para ajudar a resolver um objetivo comum. Para o fazer, um problema era normalmente partilhado sob a forma de subproblemas, e estes subproblemas eram fornecidos a vários solucionadores que eram incumbidos de modificar os dados para organizar soluções parciais. Estas são finalmente reunidas numa solução completa para o problema inicial.

Além disso, o IAD inicial tinha uma imagem "centrada no agente" que privilegiava o "problema a resolver", salientando a determinação desse problema por várias entidades inteligentes. Por outro lado, os SAM têm agora uma imagem mais "centrada na interação", em que os agentes são autónomos, normalmente heterogéneos, etc. Neste caso, a ênfase é colocada na compreensão do modo como os agentes se organizam para trocar ideias, objectivos e padrões para realizar e resolver problemas.

2.3.2 Definição de um sistema multiagente

A utilização de um agente de forma autónoma não corresponde geralmente às expectativas. Consequentemente, os problemas mais complicados requerem a utilização de vários agentes, cada um com um objetivo, e só fazendo-os colaborar é que se chega a soluções mais eficazes. Outro constrangimento é o facto de os problemas serem inevitavelmente distribuídos (ex. gestão descentralizada de uma rede eléctrica), pelo que só uma solução distribuída pode resolver este tipo de problemas [33].

Um SMA é comparável a um sistema distribuído composto por agentes. Um sistema é designado por SMA [24]:

- Um ambiente E, ou seja, um intervalo que acomoda frequentemente uma métrica.
- Um grupo de O objectos situados, ou seja, para qualquer objeto é possível, a qualquer momento, montar uma posição em E. Estes objectos são inactivos, que podem ser vistos, criados, destruídos e alterados pelos agentes.
- Um conjunto A de agentes, que são objectos específicos ($A^c \equiv O$), que indicam as entidades activas do sistema.
- Um conjunto de relações R que unem objectos.
- Um conjunto de operações Op que permite aos agentes de A perceber, constituir, consumir, modificar e tratar objectos de O.
- Operadores responsáveis por simbolizar a aplicação destas operações e a replicação de todos os componentes do SMA a esta tentativa de modificação, que serão designados por leis do universo multiagente.

A representação de uma SMA é definida na Figura 2.5.

Figura 2.5: *Representação de um sistema multiagente.*

Esta definição de ADMs foi proposta por Ferber em 1995 e não foi questionada até à data [24].

2.3.3 Tipos de sistemas multiagentes

Existem vários tipos de SMA. Podemos diferenciar os tipos de SMA de acordo com os tipos de agentes que os constituem ou de acordo com as interações entre os seus agentes... etc. Se considerarmos os SMA de acordo com as interações entre os seus agentes, encontramos dois tipos de MAS:

Abre	Neste tipo de SMA, não é necessária qualquer barreira para os agentes (relativamente à sua deslocação). De facto, os agentes podem entrar, sair e modificar o ambiente.
Encerra	Não é permitida qualquer troca, os agentes devem interferir apenas no seu ambiente e devem estar seguros do que está presente no ambiente.

Se, por outro lado, examinarmos os SMAs de acordo com o tipo de agentes que os componentes.

Homogéneo	O SMA é composto por vários agentes do mesmo tipo.
Heterogéneo	Podem ser observados vários tipos de agentes no mesmo SMA.

2.3.4 Propriedades dos sistemas multi-agentes

A utilização de ADMs é por vezes solicitada. Quando se descobrem problemas que obrigam a essa escolha. No entanto, podemos favorecer o uso de ADMs pelas seguintes razões [36]:

Os MAS reflectem a realidade	A maior parte dos problemas são partilhados que se limitam a fundir-se com as ADM.
Diversidade,	Os SMAs podem ter entre os agentes os componentes uma grande diferença, o que dá a possibilidade aos projectistas de incorporar vários agentes (reagentes, cognitivos... etc)
Cooperação,	Os sistemas podem trabalhar em conjunto para resolver problemas mais complexos.
Modularidade,	O grande número de agentes permite dividir os problemas em problemas simples, esta abordagem é a extensão da divisão modular do OOP ao POA.

2.3.5 Plataformas Multi-Agentes

Algumas plataformas permitem desenvolver e executar SMA de acordo com as normas de comunicação entre agentes anteriormente referidas.

As plataformas multiagentes mais conhecidas são:

Desenvolvimento de	O Jade permite o desenvolvimento e a execução de SMA em conformidade

agentes Java (Jade)	com as normas FIPA. Esta plataforma fornece um serviço de nomes, um serviço de páginas amarelas, dispositivos de transporte de mensagens, um serviço de digitalização e uma biblioteca de protocolos de interação FIPA.
Jack	O Jack é apresentado como um ambiente para criar, realizar e adotar sistemas multiagentes comerciais, escritos em Java e utilizando uma abordagem orientada para os componentes.
AgenteConstrutor	O AgentBuilder é um conjunto de ferramentas integradas para a criação de agentes inteligentes. Desenvolvido pela Reticular Systems Inc., o AgentBuilder é um conjunto de ferramentas integradas para a criação de agentes inteligentes. Esta ferramenta é importante porque reúne software de alta qualidade e um modelo subjacente que provou o seu valor a nível académico. [35].
Zeus	O Zeus é um ambiente incorporado para a criação rápida de aplicações cooperativas baseadas em agentes. Foi desenvolvido pelo Programa de Investigação de Agentes do Laboratório de Investigação de Sistemas Inteligentes da British Telecom [34].
Kit de Desenvolvimento MultiAgente (MadKit)	MadKit é uma plataforma multi-agente escrita em Java baseada num modelo organizacional. Foi desenvolvida por Olivier Gutknecht e Jacques Ferber [34].

2.4 Conclusão

Os agentes, uma nova representação de programação, são determinados pela sua autonomia, atividade, reatividade, pró-atividade... etc. Vimos que existem dois tipos de agentes: os agentes cognitivos que tentam atingir um determinado objetivo e os agentes reactivos que são um conjunto de estímulos/reacções (agem em função dos acontecimentos). Quando os agentes são colocados em sociedades, são levados a colaborar, a comunicar e a enfrentar constrangimentos como a distribuição de recursos.

A escolha da utilização de sistemas multiagentes com os métodos de emergência para a integração das políticas de manutenção sistemática na programação das oficinas de produção é justificada por algumas caraterísticas muito interessantes encontradas entre as numerosas propriedades dos SMA e os métodos de emergência e que respondem às necessidades e expectativas do nosso domínio de investigação.

O terceiro capítulo é consagrado ao domínio dos métodos de emergência e às suas relações com as meta-heurísticas. Apresentamos as suas noções de bases que se inspiram essencialmente em conjuntos de insectos como as colónias de formigas, os enxames de partículas e os sistemas nervosos humanos como as redes neuronais.

Capítulo 3 : Emergências e Meta-heurísticas

RESUMO

A emergência é um conceito que ocorre quando sistemas simples interagem em número suficiente para revelar um certo nível de complexidade que era difícil de prever analisando esses sistemas separadamente.

O objetivo deste capítulo é apresentar as noções de emergência e auto-organização. A utilização da emergência e da auto-organização envolve uma série de métodos metaheurísticos, incluindo a computação evolutiva, as redes neuronais, as colónias de formigas e a otimização por enxame de partículas.

3.1 Introdução

A utilização da emergência e da auto-organização diz respeito a vários métodos metaheurísticos, como a computação evolutiva, as redes neuronais, os algoritmos de formigas e a otimização por enxame de partículas. Estas técnicas são apresentadas no resto do presente capítulo.

Na primeira secção deste capítulo, apresentamos as noções de emergência e de auto-organização. Citamos as suas definições e fundamentos próprios, centrando-nos no que se assemelha, mas sobretudo no que distingue as duas noções.

3.2 Emergência e auto-organização

Geralmente, em vários SMAs e, em geral, em sistemas adaptativos complicados, as noções de emergência e auto-organização são utilizadas simultaneamente [61].

Emergência e auto-organização, acentuam caraterísticas distintas do comportamento de um sistema. Ambos os conceitos podem encontrar-se de forma independente, como podem coexistir num sistema dinâmico.

Vários trabalhos de investigação apresentam a emergência e a auto-organização, falsamente, como sinónimos. Esta confusão distorce o conceito que se pode ter quanto aos seus respectivos sentidos.

O objetivo desta parte é tratar da especificidade importante das duas noções. É apresentada uma panorâmica da história do emprego de cada conceito. As definições práticas utilizadas ao longo do documento são idênticas.

3.3 Emergência

3.3.1 História

A origem do surgimento poderia muito bem ser o axioma que data da Grécia antiga: "o todo é mais do que a soma das suas partes". Vemos marcas da noção de emergência e de auto-organização nas anotações de Tales (620 a.C. - c. 540 a.C.) e de Anaximandro (615 a.C. - c. 540 a.C.). Na mesma ordem de noções, Aristóteles (380 a.C., 320 a.C.) discute "tudo antes das partes".

É com base neste conceito que se mostram algumas ideias que não podem ser modificadas. A mesma noção pode ser vista muito mais tarde nos escritos de J. W. Von Goethe (1748-1831). Este cientista ordena a teoria da Gestalt, que é uma fonte para uma configuração ou um protótipo de elementos tão reunidos no todo que não podem ser afirmados como uma combinação fundamental das suas partes. No entanto, o "antes das partes" idêntico ao da Gestalt pressupõe que uma entidade homogénea é "pré-dada" enquanto que a emergência é uma composição dinâmica que surge ao longo do tempo.

A emergência é, por conseguinte, uma noção multi-definida. É frequentemente apresentada como um acontecimento em que o conteúdo integral de um sistema gera dependências entre partes locais desse sistema. Em seguida, apresenta-se uma explicação mais pormenorizada da noção de emergência [52].

3.3.2 Definição de emergência

A definição escolhida de emergência é a seguinte [50]: "Um sistema exibe emergência quando existem coerências emergentes ao nível macro que aparecem dinamicamente a partir das interações entre as partes ao nível micro. Tais emergentes são novos em relação às partes do sistema consideradas individualmente".

3.3.3 Caraterísticas da emergência

Relação micro-macro	A relação micro-macro [50] [51] [52] [53] é a específica da emergência mais grave e a mais mencionada nos escritos. Dá origem a caraterísticas, conteúdos, composições ou protótipos (emergentes) que são examinados ao nível macro e que resultam das (dependências ao nível micro do sistema.
Coesão	A coesão [52] [53] [54] [55] é a fonte de uma relação lógica entre as partes. Os "emergentes" aparecem como todas as pessoas incorporadas que têm a capacidade de sustentar uma verdadeira perceção de identidade no tempo (ou seja, um modelo sustentado). A coesão percebe e junta os elementos distintos do nível baixo numa unidade no nível alto. As relações entre os elementos são essenciais para alcançar um todo homogéneo.
Dependência das partes	Sem as dependências [52] [53] [54] [56], os comportamentos macroscópicos cativantes nunca se apresentam. Por conseguinte, os países emergentes criam dependências entre as partes.
Originalidade	O comportamento integral do sistema é inédito [55] [56] em relação ao

	comportamento individual ao nível microscópico. Daí resulta que as unidades ao nível microscópico não têm uma imagem expressa do conteúdo total. Nos textos, ele vê certas afirmações para esta ideia: "o todo é maior do que a soma das partes" [56], "não pode ser reduzido a. . . . "[57].
Controlo Descentralizado	O controlo descentralizado utiliza apenas dispositivos locais para realizar o conteúdo total. Não há controlo do capital, ou seja, nenhuma parte do sistema permite um conteúdo macroscópico. Os factos das partes são verificáveis, enquanto o todo não é instantaneamente verificável.
Poder e Flexibilidade	Os emergentes estão parcialmente afastados de perturbações ou mal-entendidos. O aumento das perturbações reduzirá o feito, mas o abaixamento não será desagradável: o valor do resultado será constantemente reduzido, sem qualquer alteração rápida da função. A inversão ou a mudança de uma entidade não falará de fracasso total dos países emergentes. Esta flexibilidade [56] [57] apenas faz com que as entidades distintas possam ser alteradas, mas a composição emergente aguarda.
Relatório bidirecional	Nos sistemas emergentes existe uma relação bidirecional [53] [58]. Do grau microscópico para o macroscópico, as porções mostram-se emergentes (ver relação micro-macro acima). No outro lado, o emergente serve as porções.

3.3.4 Emergência na informática

Desde há cerca de vinte anos, todo um domínio de estudo foi progressivamente concebido em torno da emergência para tirar partido das suas especificidades nos sistemas informáticos [53]. "Computação emergente" [55] [56] é a palavra geralmente utilizada para indicar este domínio em que se situa a nossa investigação

Esta palavra reúne, de facto, acessos muito diferentes porque a origem da emergência é certamente concetual e comum, e parece, portanto, apropriada qualquer que seja o método utilizado, a partir do momento em que admite instalar-se no quadro da explicação da emergência. A palavra computação emergente foi portanto decididamente pouco explorada, os grupos científicos privilegiando a recolha por existencial habituados a um método claro e às suas formas.

Apesar da concentração dos estudos efectuados, a emergência continua a ser um facto insólito e poder-se-ia mesmo dizer um pequeno segredo. Vamos portanto dar uma explicação "prática" com uma coloração estritamente informática. Corrompemo-la em três partes: o que queremos fazer emergir, para que modalidade existe a emergência e como a utilizamos [59] [61]. O quadro 3.1 apresenta uma explicação da emergência no domínio informático.

Tabela 3.1 *Emergência na informática.*

Objeto	Um sistema informático é concebido para realizar uma atividade adequada ao que se espera do sistema. É esta atividade, que pode mudar ao longo do tempo, que queremos fazer emergir.
Estado	Esta atividade é emergente se a codificação do sistema não pertencer de forma alguma à compreensão desta atividade. Esta codificação deve conter dispositivos que permitam ajustar o sistema durante as suas permutações com a comitiva, de modo a ser implantado a todo o momento na atividade adequada.
Método	Para modificar a atividade, é necessário modificar a ordem dos elementos do sistema. Estes mecanismos são designados por regras que orientam a auto-organização entre os elementos e não dependem da compreensão da atividade comum

3.3.5 Eixo de investigação científica da emergência

O fenómeno da emergência, tal como é visto, calculado e utilizado atualmente, tem as suas raízes em vários domínios de investigação (Figura 3.1). Começando pelo estudo dos sistemas simples, lineares e equilibrados (teoria geral dos sistemas, cibernética, teoria da informação) e estimulando os fenómenos puros da física e da biologia (biologia evolutiva, estado sólido/física da matéria condensada) e as suas teorias de colaboração (teoria das catástrofes, sistemas dinâmicos, geometria fractal).

A investigação tem-se debruçado sobre a utilização da não-linearidade, da auto-organização, da não-estabilidade, dos atractores (sistemas adaptativos complexos, sistemas dinâmicos não-lineares, teoria do caos, termodinâmica do equilíbrio, ...).

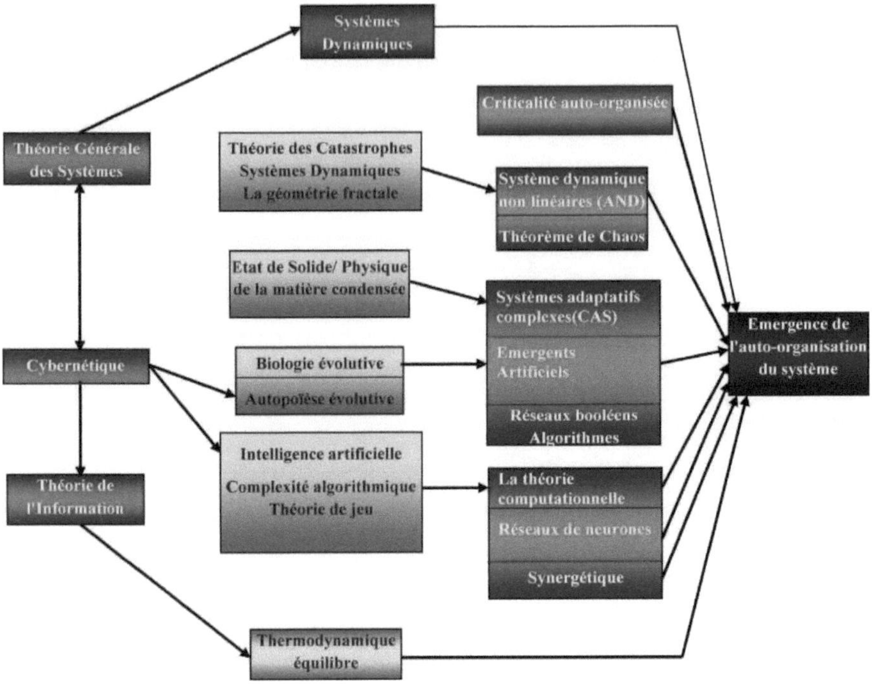

Figura 3.1 *Eixo de investigação científica da emergência*

A emergência é, portanto, uma solução para mostrar a necessidade de avançar para o nível macro e para os seus próprios movimentos, leis, caraterísticas, a fim de clarificar mais adequadamente o que está a ser examinado.

A investigação sobre a emergência admite criar os dispositivos, os meios e as construções necessárias para explicar melhor o fenómeno da emergência e os sistemas em que se inserem.

3.3.6 Exemplos de fenómenos emergentes

> Para explicar a emergência, podemos dar alguns modelos de fenómenos muito habituais em vários domínios e que se diz que emergem tendo em conta as caraterísticas acima descritas:

> Na física e na química, as dependências entre elementos simples dão origem a composições complicadas afectadas por domínios completamente novos [58].

> Em Biologia, vários sistemas naturais construídos com unidades livres mostram disposições para desempenhar funções capazes de compostos sem verificação completa. Além disso, podem ajustar-se ao seu espaço quer para aí permanecer quer para fazer avançar o movimento do comum. É necessariamente o caso das colónias de insectos sociais como as térmitas e as formigas [63].

> O sistema imunitário é também típico do movimento de um sistema complicado construído a partir de um grupo de agentes. Consequentemente, o sistema imunitário é uma composição complicada e unida de células, moléculas e órgãos que admitem distinguir o "eu" do "não-eu". As dependências dentro do sistema imunitário, bem como as dependências com outros sistemas e órgãos, fazem emergir o controlo do organismo, assegurando o seu progresso constante [63].

3.4 Auto-organização

Para Edgar Morin, a auto-organização é fácil e poeticamente "organizar a desordem" (Figura 3.2).

É também uma caraterística de um sistema que tem em conta a sua capacidade de mudar e alterar-se, criar e criar-se, montar e montar-se, manter-se e conservar-se [61].

Avant Agitation | Après Agitation

Figure 3.2 *Auto-organização*

3.2.1 História e definição

Se voltarmos às fontes da física e, mais claramente, da termodinâmica da auto-organização, pode ser atribuída uma explicação: a abordagem de composições ou modelos (protótipos), exceto que um agente externo não a requer. [59]

A cristalização e as células de Bénard [63] estão entre os modelos mais comuns. Mas a ideia é utilizada de forma idêntica há muito tempo pela Biologia [64] para desenvolver a divergência estruturada de modelos em seres vivos, como linhas e outros protótipos em animais ou composições geométricas de conchas. [66] de facto, especialmente uma grande exposição notável.

Outra forma de crueldade que devemos às várias investigações de Francisco Varela, sobre a Biologia e as células, por um lado, mas sobretudo sobre a consciência, é a da autopoiese [Autopoietica]. Esta ideia pode ser resumida na capacidade de um sistema, através da dependência, da mudança, da devastação e do renascimento dos seus princípios, de preservar os seus elementos e os seus bens singulares, bem como a unidade clara do sistema.

3.2.2 Caraterísticas da auto-organização

Sem entrar em pormenores técnicos, podemos invocar algumas especificidades e noções que são indissociáveis ou comuns:

Aumento das encomendas	O conceito de "organização" [61] [63] [64] é uma das definições mais importantes da auto-organização. A organização pode ser vista como um aumento de ordem na conduta de um sistema que aceita que este último forneça uma composição universal, material ou conveniente. No entanto, deve ser anunciado que qualquer sistema com uma ordenação gradual só pode ser dito auto-organizado se for autónomo.
Independência	O segundo elemento essencial especificado da auto-organização é a ausência de verificação externa [63] [64] [65], daí o nome "auto". Um sistema deve ser organizado sem intervenção do exterior. Muitas vezes, as entradas são viáveis, desde que não evoquem instruções do exterior do sistema.
Ajustamento e poder contra as mudanças	Nos sistemas auto-organizados, o termo poder [61] [63] [64] é utilizado no efeito de ajustamento às perturbações e modificações. Um sistema auto-organizado deve lidar com essas mudanças e manter sua organização livre. Em [65] os designers apontam esta capacidade de ajustamento pelo facto de uma alteração no espaço poder levar o mesmo sistema a criar consequências distintas sem qualquer atração sobre as condutas das entidades que o compõem.
Ativo	Perante a necessidade de adaptação às mudanças contextuais, um sistema auto-organizado com a exigência de ser ativo [61] [63] [64]. As modificações ou perturbações simulam a composição estruturada. Trata-se, portanto, de um movimento fixo para lidar com essas mudanças.

3.2.3 Combinação entre emergência e auto-organização

As duas noções de emergência e de auto-organização apoiam caraterísticas distintas do conteúdo de um sistema. Para sintetizar, a essência da emergência é a existência de um comportamento totalmente novo em relação aos elementos do sistema. A da auto-organização é um comportamento induzível que fornece e mantém de forma livre uma ordem crescente. Estas duas noções podem ser independentes.

Figure 3.3 (a) apresenta um sistema auto-organizado. Não há verificação do exterior nem consequências micro-macro. Pelo contrário, a Figura 3.3 (b) mostra um sistema totalmente emergente. No entanto, na maioria dos sistemas, estes dois conceitos são semelhantes (Figura 3.3 (c)). Neste caso, estes sistemas são designados por "sistemas auto-organizadores emergentes". Em problemas descentralizados e activos, a união da emergência e da auto-organização é mesmo aconselhada [55].

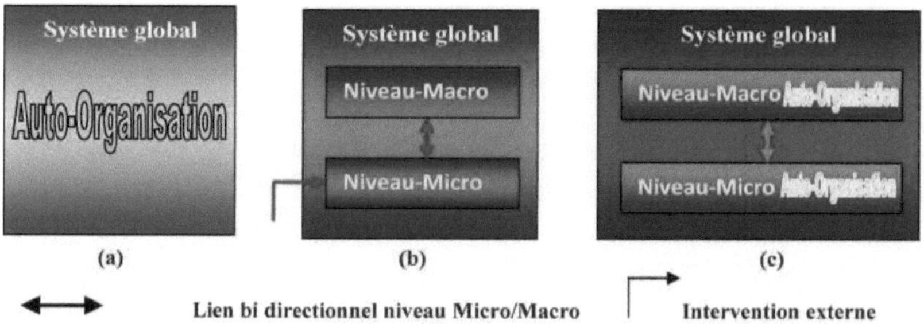

Figura 3.3 *(A) auto-organização sem emergência; (B) emergência sem auto-organização (c) emergência e auto-organização combinadas*

A robustez da determinação de soluções auto-organizadas e emergentes reside mais nas interdependências e no planeamento entre entidades ou agentes do que no desenvolvimento interno ou na dificuldade inseparável de entidades ou agentes considerados separadamente. O conjunto da emergência e da auto-organização constitui um acesso promissor para a realização de soluções para problemas partilhados e estritamente activos.

Uma das caraterísticas muito importantes, obviamente equipada pelo paradigma SMA reativo, é a noção de estigmergia.

3.5 Estigmergia

Nos SMAs estabelecidos, o ambiente é um elemento fundamental do sistema. A atração biológica (etológica no singular), reafirma este impacto. Neste contexto, os agentes estabelecidos utilizam o ambiente como forma de interdependência e também como suporte escrito das consequências, representando resultados e marcas dos seus factos.

A palavra stigmergie [57] é proposta por Paul Grassé em 1959, originária do comportamento das térmitas. A favor de mudanças na situação ambiental (gradientes de feromonas) as térmitas aproximam-se, sem normalização centralizada, para revelar e organizar os seus factos.

3.5.1 Definição

Stigmergie é a organização das funções e a normalização das construções não diz respeito aos trabalhadores, mas às próprias construções. O operário não executa as suas tarefas, ele é iluminado por elas. É a este incitamento de carácter singular que chamamos estigmergia.

Inspirados na natureza, os sistemas auto-organizadores emergentes transmitem "estigmergia". A palavra vem dos termos gregos stigma "marca, sinal" e ergon "trabalho, ação", formulando o conceito de que os factos de um agente depositam sinais no ambiente, sinais vistos por ele e por outros agentes e que conduzem as suas operações seguintes. [57]

Stigmergie é um dispositivo que permite a um ambiente "auto-organizar-se através dos factos ambientais dos agentes. Esta organização do ambiente tem uma consequência sobre o comportamento dos agentes que fazem sobre a estrutura do ambiente, e assim por diante [55]. Participamos então num evento de montagem entre o sistema e o seu ambiente, gerando a auto-organização de um acoplamento (sistema + ambiente) a um grau macro.

A figura 3.4 ilustra o mecanismo da estigmergia.

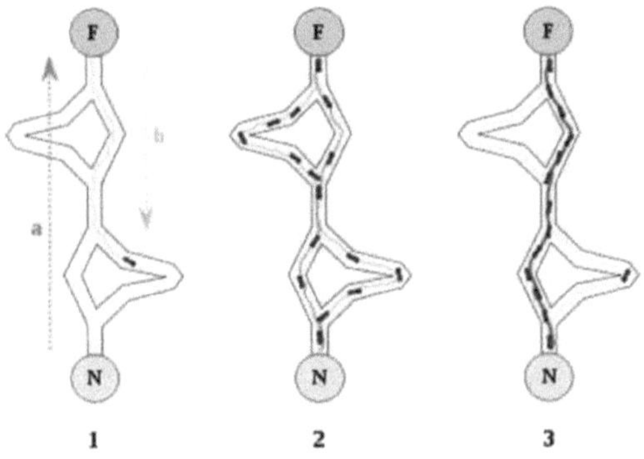

Figura 3.4 *Mecanismo de estigmergia*

Este acoplamento permite que o sistema se auto-constitua como um coletivo auto-organizado. Por outras palavras, a estigmergia oferece um método de planeamento entre agentes, proveniente do próprio sistema. Trata-se, portanto, de um meio de correspondência indireta num *ambiente emergente auto-organizado, em que as unidades se transmitem mutuamente, alterando o seu ambiente.*

A ideia de estigmergia teve um início especial para um tipo de problemas de otimização. Esta origem levou alguns criadores a produzir o termo "otimização estigmérgica" [57]. Em particular, vários estudos de investigação estão preocupados com a exploração do ambiente para a resolução e otimização de problemas através de dispositivos estigmínicos: feromonas, campos de força, etc.

Entre as abordagens de otimização que utilizam a estigmergia, mencionamos os algoritmos de colónia de formigas artificiais que simulam a capacidade das formigas reais para encontrar soluções para problemas complicados e se auto-organizam por estigmergia.

3.6 Auto-organização e MAS

Para que um sistema mostre um bom comportamento em relação ao ambiente, deve compreender este ambiente e ser conduzido por ele.

Este facto confunde a definição de auto-organização no que diz respeito à influência externa na vasta gama de mercados possíveis no âmbito dos ADM, desde a verificação controlada centralmente até aos sistemas cujos agentes não fazem quase nada ao ambiente.

Os ADM fornecem todos os mecanismos essenciais para a criação de sistemas baseados na auto-organização, e estes mecanismos são robustos, eficazes de utilizar e comuns.

3.7 Algumas técnicas metaheurísticas

A utilização da emergência e da auto-organização diz respeito a uma série de métodos metaheurísticos, tais como Algoritmos Genéticos, Redes Neuronais, Algoritmos de Colónias de Formigas e Otimização por Enxame Particular. Nesta secção apresentamos as técnicas mais utilizadas.

3.7.1 Algoritmos genéticos

O cálculo evolutivo baseia-se, em primeiro lugar, nas teorias darwinianas da transformação de grupos através da herança genética e da escolha natural. Baseia-se num conjunto de meios de determinação e de melhoramento estocásticos que apresentam um protótipo reduzido dos fundamentos biológicos combinados e que podem então ser observados como "Darwinismo Artificial".

A base essencial é a utilização de populações de indivíduos que indicam aspectos do espaço de estudo de um problema apresentado.

Trata-se então de executar estocasticamente um certo número de acções sobre cada uma das unidades, agrupando-as por gerações do movimento de mudança simulado. Estas acções são de dois modelos diferentes: a seleção, baseada no caso de exploração de uma unidade tendo em conta o problema refletido (função de aptidão, ou seja, custo, desempenho, avaliação), e os dispositivos genéticos, frequentemente cruzamentos (Crossover) e mutações, que criam novos indivíduos [67].

O processo baseia-se então num ciclo indispensável em que cada repetição indica uma geração e os seus indivíduos são designados pais da geração seguinte.

Uma recorrência inclui a envolvente (muitas evoluções são viáveis), e por ordem, os seguintes passos: Seleção, propagação, estimativa, localização e Paragem.

A Figura 3.5 apresenta o princípio de funcionamento dos algoritmos genéticos.

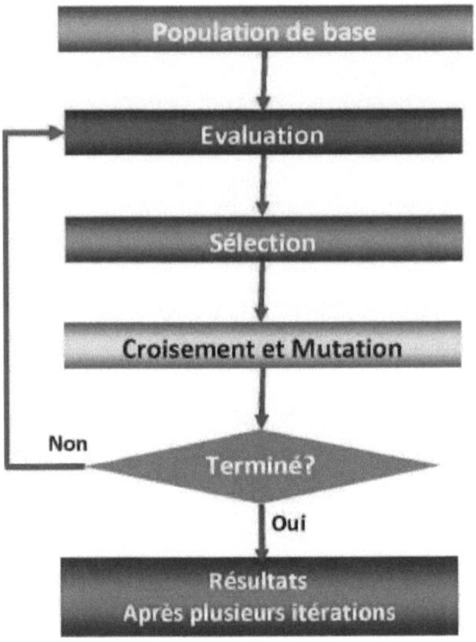

Figura 3.5 *Princípio de funcionamento dos AGs*

3.7.2 Redes neurais dinâmicas

Um RN é um modelo formal que reduz a dinâmica dos neurónios biológicos, tanto mais que o estudo do cérebro não parou de melhorar e percebemos que os dispositivos de base são, de facto, apenas uma pequena parte de uma composição enormemente mais complicada (papel cruel da atividade química, dificuldade da morfogénese do cérebro, flexibilidade permanente no cérebro adulto, ...).

Uma RN é uma rede frequentemente constituída por um grande número de unidades computacionais muito elementares (neurónios formais), cada uma com uma memória estreita. A figura 3.6 mostra uma rede neural de 3 camadas.

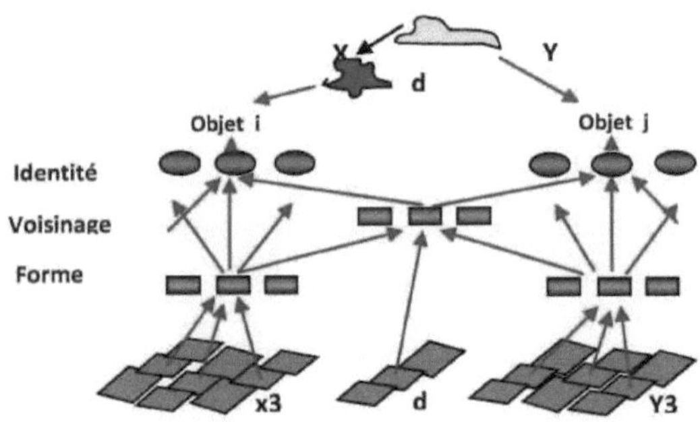

Figure 3.6 *Rede de neurónios com 3 camadas.*

3.7.3 Algoritmos das colónias de formigas

Os algoritmos de colonização de formigas (ANT) são um método muito mais recente inspirado em comportamentos estudados na natureza. Este método é mais claro e mais específico do que os algoritmos genéticos ou as redes neuronais artificiais, na medida em que se inspiram em condutas muito visíveis. Para os ANT, as ferramentas simulam as exibidas pelos etólogos sobre o comportamento alimentar das formigas [70].

O princípio de funcionamento das ANTs é apresentado na figura 3.7

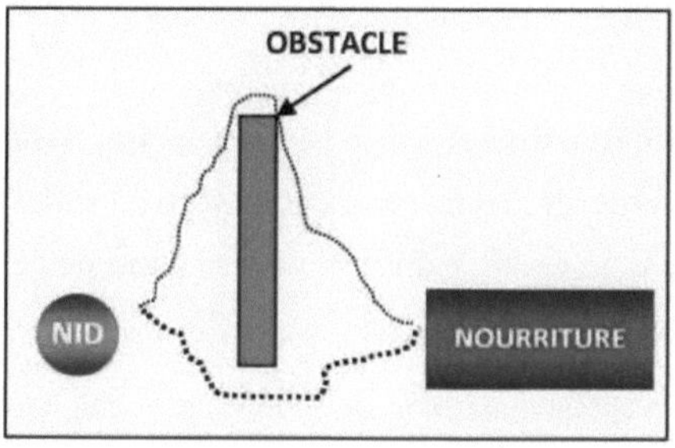

Figure 3.7 *Princípio de funcionamento do ANT*

Esta abordagem tem a sua origem na reprodução da forragem das formigas, e singularmente na sua capacidade de descobrir o caminho mais pequeno do ninho até ao alimento, em termos de dispositivos simples baseados em particular na deposição de feromonas e na direção em relação aos estigmas de feromonas presentes no ambiente. Os primeiros estudos devem-se a Dorigo e Maniezzo [68] e apresentam uma explicação algorítmica que indica dispositivos comuns para a resolução de problemas por estigmergia. A estigmergia é o fundamento inicialmente exposto segundo o qual as correspondências desviadas pela mudança do ambiente geram condutas caraterísticas do comum.

3.7.4 Otimização por enxame de partículas (PSO)

A semelhança é observada aqui com os deslocamentos comuns examinados em alguns animais e baseados exclusivamente no exame local do comportamento dos vizinhos (Figura 3.8). O acesso por OEP foi especificado por Kennedy e Eberhart [76] e baseia-se na ocorrência de movimentos comuns distintos que dependem apenas do comportamento local das unidades em relação a variáveis como a localização e a rapidez dos vizinhos adjacentes.

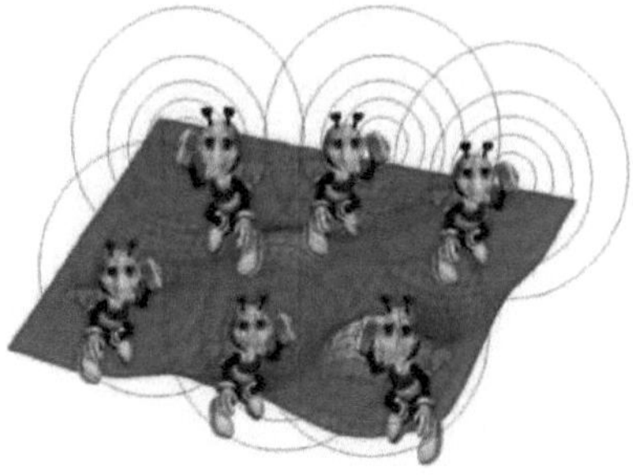

Figura 3.8 *Otimização por enxame particular (PSO)*

O exemplo atual [71] é o tubo de desvio de um banco de peixes separado para uma praga. Assume-se que os peixes têm apenas certas condutas sob a forma de "permanecer perto dos vizinhos", "não colidir", "mover-se à mesma velocidade", adicionadas ao desvio individual de uma praga ou de um obstáculo quando este está razoavelmente perto de ser avistado.

É então fácil prever a extinção da aproximação de uma praga para os passeios do banco completo: os peixes que distinguem a praga realizam rotas para a evitar e os outros peixes ficam tranquilos para reproduzir as suas acções de perto para perto. Os grupos do banco de peixes efectuam então uma volta de desvio, embora esta só tenha sido adaptada por alguns peixes.

A maioria dos peixes pode não ter tido conhecimento da existência da praga, exceto pelo aumento das deslocações. O algoritmo formal baseia-se na interpretação das partículas exploradas de um vetor de deslocação, bem como dos "vizinhos". Esta vizinhança pode assumir vários aspectos e não é necessariamente interestelar. O movimento do vetor de deslocação é então contado em relação às deslocações anteriores, juntamente com as deslocações das partículas vizinhas.

Se uma estimativa da localização das unidades é aumentada e esta estimativa actua de forma a ter em conta o efeito dos outros vizinhos de uma dada partícula, a base da OEP admite então explorar o domínio Para melhores locais, para uma dada unidade ou para o comum. Notas anteriores descobrem completamente o domínio e uma reunião pode ser encontrada em [77].

3.8 Conclusão

Neste capítulo, apresentámos as noções de emergência e auto-organização e a relação entre estas duas noções.

Por vezes, a noção de auto-organização é associada à noção de emergência. Encontramos frequentemente na literatura a seguinte definição: diz-se que um fenómeno emerge quando não se poderia prever a sua observação a partir do único conhecimento do sistema em que aparece.

Um método emergente é um processo de resolução de problemas que se baseia num conjunto simples de regras para produzir um comportamento global mais complexo sem que este último tenha sido explicitamente pormenorizado.

Apresentámos alguns métodos metaheurísticos que utilizam a emergência no seu funcionamento, tais como a computação evolutiva, as redes neuronais, os algoritmos de formiga e a otimização por enxame de partículas.

No capítulo 4, apresentaremos um método de emergência, os sistemas imunitários artificiais.

A escolha desta técnica baseia-se no facto de haver pouco trabalho realizado com este método no domínio industrial, e mais particularmente na integração das políticas de manutenção sistemática na programação.

Além disso, acreditamos que a hibridação desta técnica com a SMA pode dar resultados muito satisfatórios.

Capítulo 4: Algoritmos de sistemas imunitários artificiais

RESUMO

O sistema imunitário de um organismo é um sistema biológico constituído por um conjunto coordenado de elementos de reconhecimento e de defesa que discrimina o "eu" do "não-eu".

Um sistema imunitário artificial (AIS) é uma categoria de algoritmos inspirados nos princípios e no funcionamento do sistema imunitário natural dos vertebrados. Estes algoritmos exploram normalmente as caraterísticas do sistema imunitário em termos de aprendizagem e memorização como meio de resolução de problemas.

O objetivo deste capítulo é apresentar as noções essenciais dos sistemas imunitários naturais e as teorias que servem de base à condução destes sistemas.

Em seguida, apresentamos os SIA que são a aplicação dos INS para a resolução de problemas complexos.

A hibridação de SIAs com SMAs será uma das nossas abordagens para resolver o problema da integração de políticas de manutenção sistemática na programação.

4.1 Introdução

O ser humano é composto por um conjunto de sistemas complicados e muito diversos, cada um dos quais desempenha uma função muito clara. Estes vários sistemas são dirigidos pelo cérebro do corpo, garantindo assim uma boa correspondência e gestão de eventos.

Nesta secção, descobrimos as noções essenciais dos sistemas imunitários naturais e as teorias básicas em que se baseia a conduta destes últimos.

Em seguida, apresentamos os sistemas imunitários artificiais que são a aplicação de sistemas imunitários naturais para resolver problemas complexos.

4.2 Sistemas imunitários biológicos

4.2.1 História e definições

Os anos sessenta são normalmente considerados como o nascimento da imunologia moderna. Rodney Porter e Gerald Edelman conseguiram explicar a composição dos anticorpos entre 1959 e 1961, e foram galardoados com o Prémio Nobel da Medicina em 1972.

Por volta de 1960, os grupos científicos observaram, através dos estudos de Jacques Miller, diferentes células imunitárias específicas principais. Em 1989, Charles Janeway apresentou um protótipo segundo o qual seria a imunidade natural que seria o verdadeiro supervisor das chaves do nascimento de uma resposta imunitária.

4.2.2 Noções sobre o sistema imunitário

O sistema imunitário atual é muito complicado e pode ser visto sob vários ângulos. Podemos observá-lo como uma composição de órgãos, moléculas ou células.

a. Sistemas imunitários

Se apresentarmos as partes do sistema imunitário, este último é composto por:

- **Medula óssea**: Local de maturação dos linfócitos B.
- **Timo:** Na parte inferior do pescoço, constitui o local de maturação dos linfócitos T.
- **Vasos linfáticos:** Transportando a linfa, os vasos linfáticos estão implantados em todo o corpo.

b. Células imunitárias

Se, por outro lado, examinarmos as células do sistema imunitário, as que fazem parte da defesa são os glóbulos brancos chamados leucócitos.

Observa vários tipos de glóbulos brancos (leucócitos), os mais essenciais são os linfócitos. Os linfócitos do sangue [79] são constituídos por:

- **Linfócitos B**: Os linfócitos B provêm da medula óssea dos mamíferos.
- **Linfócitos T**: Distingue várias formas de linfócitos T. A sua responsabilidade é atacar as células infectadas (resposta celular).
- **Anticorpo**: Um anticorpo é também descrito como uma proteína complicada recolhida pelas células do sistema imunitário em resposta à lucidez de um corpo estranho [80].

c. Antigénio

Os antigénios são frequentemente proteínas presentes nas células ou em objectos estranhos (bactérias, vírus, glóbulos vermelhos transfundidos, ...), ou visíveis no ambiente (pólenes). O efeito anticorpo-antigénio é a base da imunidade. Garante a nossa defesa contra as infecções [81].

A Figura 4.1 apresenta a estrutura de um antigénio.

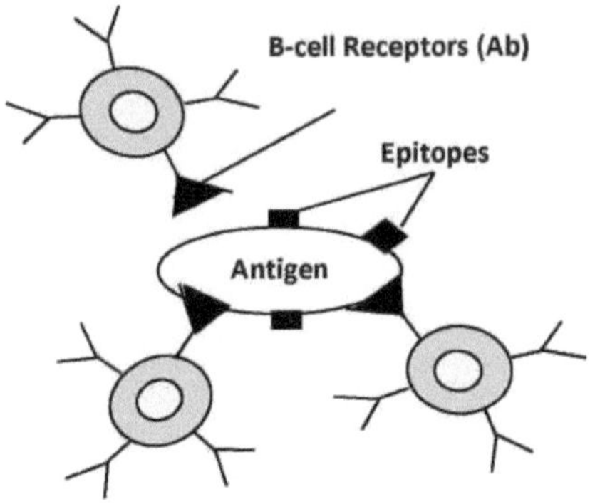

Figura 4.1 *Estrutura de um antigénio*

4.2.3 Imunidade inata e adaptativa

A proteção do organismo no espaço exterior inclui um sistema imunitário inato ou natural que se mantém na ausência de qualquer contacto com um antigénio e um sistema imunitário adaptativo ou obtido após o contacto do organismo com objectos estranhos que são antigénios [82].

a. Imunidade inata

A imunidade inata é constituída pela linha física (pele e sistema respiratório), por situações psicossomáticas como o ph, a temperatura e pelas células assassinas naturais (NK).

b. Imunidade adaptativa

O sistema imunitário adaptativo deriva do contacto do sistema imunitário com os antigénios a favor do específico. Os linfócitos T, os linfócitos B e as imunoglobulinas formam os actores primordiais da imunidade adaptativa [84].

4.2.4 Respostas imunitárias

Dependendo do carácter da infeção, a resposta divide-se em

a. Imunidade celular

Apelos ao transporte de células. A imunidade celular é comunicada por imunoglobulinas recolhidas pelas células [83].

A Figura 4.2 mostra os diferentes tipos de respostas imunitárias [83]:

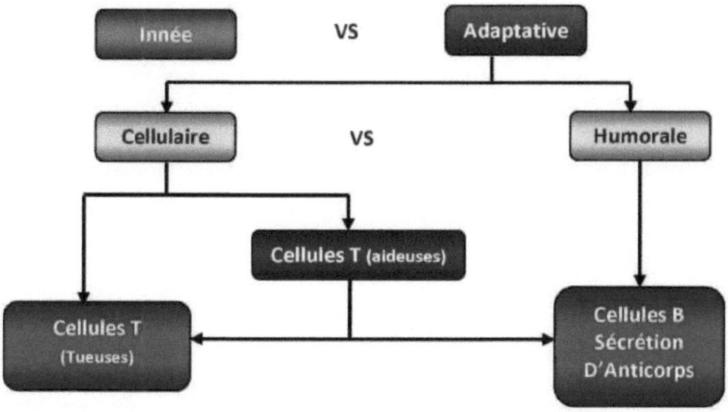

Figura 4.2 *Tipos de respostas imunitárias*

b. Imunidade humoral

A capacidade de controlar bactérias e toxinas é assegurada pela remoção do humor (vacina ou soro) de um doente para outro (ou de um animal experimental para outro). A imunidade humoral é frequentemente utilizada para as doenças infecciosas [85].

4.2.5 Caraterísticas do sistema imunitário

O sistema imunitário é uma inspiração para novos eixos de investigação. Com caraterísticas muito interessantes, transforma-se numa fonte útil. Limitamo-nos a citar algumas dessas caraterísticas:

Distinção entre o eu e o não-eu	É a caraterística mais importante que está na base das respostas imunitárias e da capacidade do sistema imunitário para diferenciar entre as células do próprio e as células do não próprio (estranhas), bem como a potencialidade para reconhecer o verdadeiro tipo de cada célula estranha.
Auto-organização	A auto-organização especifica uma evolução no decurso da qual uma composição emerge a nível global exclusivamente a partir de um grande número de interdependências entre os seus elementos a nível local do sistema.
Distributividade	O sistema imunitário, com todas as suas complicações, não inclui a verificação do ponto capital, cada célula é excitada e replica-se ao antigénio agressivo.
Aprendizagem e memorização	Como vimos anteriormente, o sistema imunitário é evolutivo. A cada contacto de um novo tipo de antigénio, o sistema imunitário categoriza-o e armazena-o na memória, isto em prol do dispositivo de divisão celular assídua de um processo de escolha de forma a filtrar e progredir a resposta do sistema

	imunitário ao próximo contacto com o mesmo antigénio [88].
Correspondência e propagação	Os diferentes actores do sistema imunitário precisavam de trocar mensagens sob a forma de sinais.

4.2.6 Métodos imunológicos

O comportamento e as respostas do sistema imunitário são particularmente geridos por métodos imunitários.

4.2.6.1 Método de seleção negativa

Este método dirige o processo de criação de linfócitos. Mais regularmente, este método gere o processo de criação ao nível da distinção entre o eu e o não-eu.

Os linfócitos têm receptores (paratopos) nos seus campos. Os linfócitos provenientes da medula óssea partem em direção ao timo. Nesta fase, são designados por células T naive ou imaturas. Os seus parátopos suportam um processo de reorganização genética pseudo-aleatória, estabelecendo-se então uma experiência primordial [89].

A experiência em questão consiste em verificar se os novos receptores atacam as células do eu, neste caso os linfócitos são abatidos e purificados da multidão de novos linfócitos, falamos de seleção negativa. O resto da população está habilitada a deixar o timo para circular no sangue e desempenhar as suas funções de proteção. Este processo é ilustrado na figura 4.3

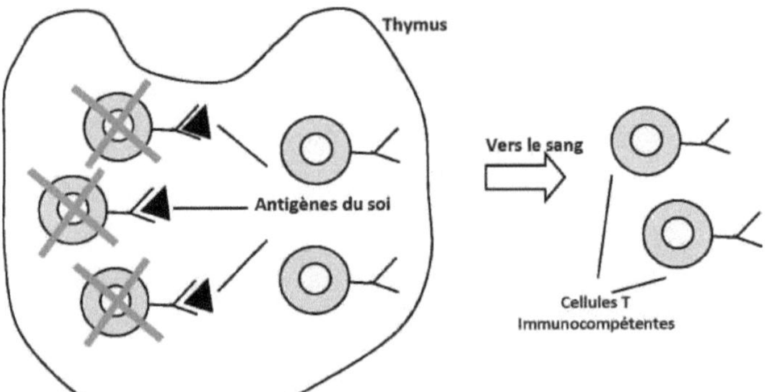

Figura 4.3 *Método de seleção Negativo*

4.2.6.2 Método de seleção clonal

Este método foi definido em 1959 por Burnet [96]. Aplica-se à resposta do sistema imunitário a um estímulo antigénico.

O método de seleção clonal desenvolve os dois processos de reprodução e maturação da afinidade. O princípio deste método é o seguinte:

Após o reconhecimento de um antigénio pelos linfócitos B, estes produzem anticorpos específicos (cada célula condensa um único tipo de anticorpo). O anticorpo reúne-se com o antigénio para participar nos receptores (Paratopes-Epitopes) e, em seguida, utilizando células como os T-assistants, as células B são excitadas e um processo reprodutivo permite que as células B se reproduzam gerando clones de si próprias [91]. Um segundo processo permite selecionar entre as novas células as que apresentam uma elevada afinidade para se tornarem células de memória [84].

As células de memória circulam pelo sangue, linfa e tecidos e, perante a existência de um antigénio previamente reconhecido, é instantaneamente lançada uma resposta rápida e eficaz [93].

Este método é utilizado em áreas como a otimização, o reconhecimento de formas e a aprendizagem automática (IA). A Figura 4.4 mostra o método de seleção clonal.

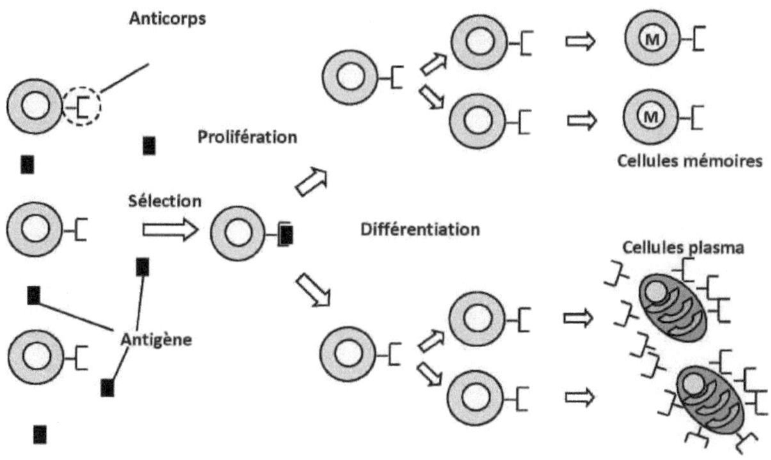

Figura 4.4 *Método de seleção clonal*

4.2.6.3 Método de risco

Apresentado pela primeira vez por Polly Metzinger, este método é uma nova imagem que se afasta da abordagem tradicional. O método do perigo orienta o sistema e a sua resposta para os novos requisitos seguintes:

- O sistema imunitário não deve reagir contra o próprio, a menos que seja arriscado.
- O sistema imunitário defende-se do não-eu, a menos que este não seja perigoso.

4.2.7 Desenvolvimento de uma resposta imunitária

Logo que um corpo estranho penetra, é neutralizado por um macrófago que extrai porções do mesmo (péptidos antigénicos) e as exprime na sua superfície, na epiderme, com o apoio das moléculas de demonstração, as moléculas HLA do sistema de histocompatibilidade.

Esta manifestação na epiderme aceita o reconhecimento do corpo pelos linfócitos T (Figura 4.5). Cada linfócito T reconhece apenas um modelo de antigénio, o que admite uma resposta particular (imunidade inata), de criação lenta mas muito influente [94].

Os linfócitos T secundários são alertados e condensam citocinas que se interpretam como potenciadores que aceitam a reprodução de linfócitos T e B. Agentes de distinção que aceitam a produção de anticorpos (resposta humoral) [92].

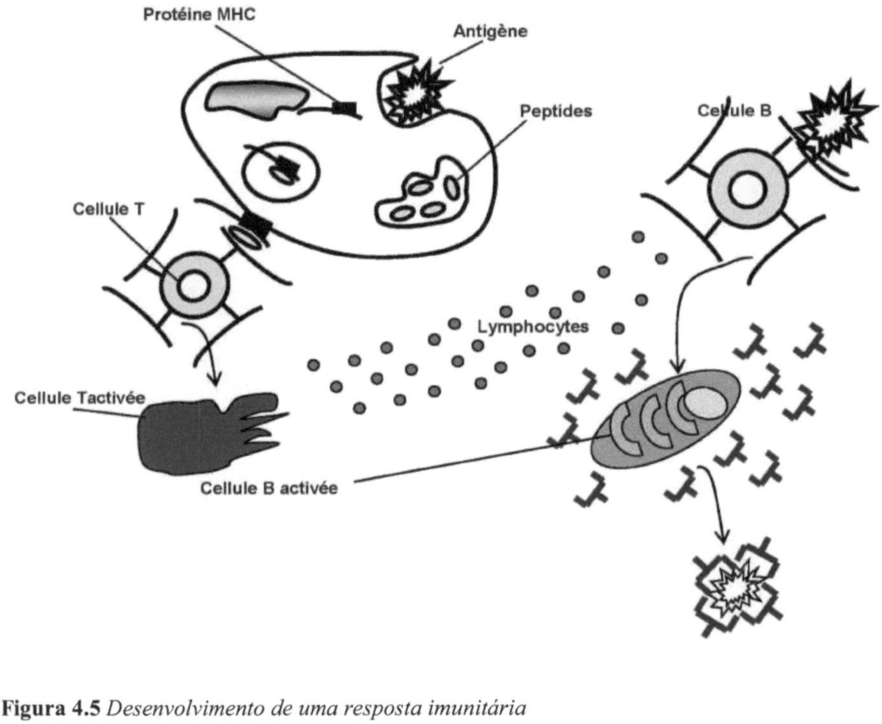

Figura 4.5 *Desenvolvimento de uma resposta imunitária*

4.3 Sistemas imunitários artificiais (AIS)

4.3.1 Definição do AIS

Os AIS são um ajustamento matemático ou informático da progressão do NIS. Esta aplicação elimina as principais linhas do seu funcionamento.

No entanto, continua a ser impraticável especificar todo o comportamento dos sistemas biológicos. Eis uma definição de AIS:

"Os AIS são métodos de 'inteligência' retirados dos NIS para a resolução de problemas reais" [100].

Para a modelação do AIS, os investigadores tentam simbolizar melhor este funcionamento com métodos técnicos vagos (ferramentas de modelação, linguagens de programação, métodos matemáticos, etc.).

4.3.2 Especificação do AIS

A investigação neste domínio enfrenta alguns problemas pelas seguintes razões:

- O número de pessoas que trabalham neste domínio continua a ser muito limitado [90].
- As aplicações da SIA são muito diversas, pelo que é difícil encontrar uma solução completa ou algoritmos genéricos.

Só em 1999 foi criado um protótipo comum para a representação destes sistemas. Este modelo simplificou consideravelmente as actividades dos investigadores [99].

A figura 4.6 mostra o protótipo concetual para a conceção de um quadro para o AIS, utilizando as partes e as moléculas do INS. Está ainda por prever um conjunto de actividades de afinidade e actividades quantitativas das interdependências entre os diferentes elementos.

O modelo conjunto, conhecido como Quadro AIS, descreve as regras que devem ser seguidas por um AIS e os processos a seguir para a realização de novos acessos. Os requisitos essenciais são:

- Desenho dos elementos do sistema.
- Um conjunto de dispositivos para estimar a interdependência entre as unidades e o seu meio envolvente.
- Procedimentos de adaptação para verificar a modificação do sistema.

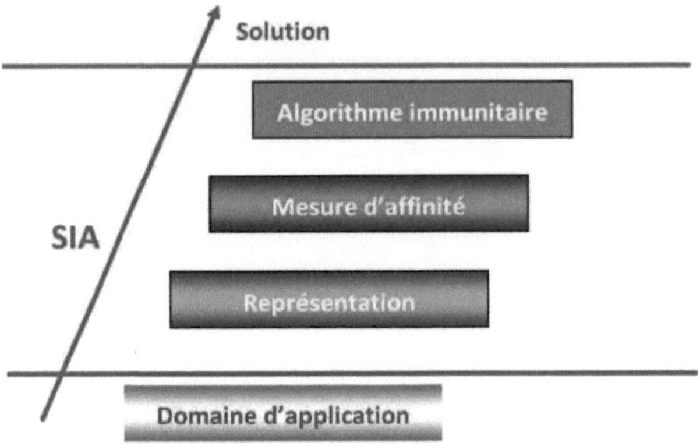

Figura 4.6 *Enquadramento do AIS [99]*

Os três requisitos acima mencionados são imperativos para a conceção de um quadro para o desenvolvimento de um AIS.

Como discutido anteriormente, as células primordiais são os linfócitos B e T. Estes são conhecidos por terem nos seus campos receptores (Paratopos) capazes de reconhecer antigénios pela caraterística de completude com os seus Epitopos [93].

Pode distinguir-se a forma de um anticorpo como um conjunto de L quantidades. Estas quantidades podem ser indicadas por um ponto num espaço de L dimensões (Figura 4.7). Uma primeira operação é que, neste modelo, os anticorpos adequados são contíguos uns aos outros.

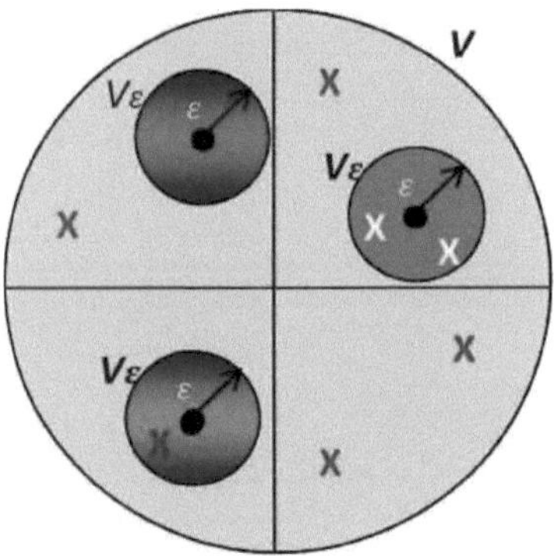

Figura 4.7 *Formas espaciais*

Um conjunto ou lista de N unidades (receptores) é especificado como um espaço de forma de capacidade finita V contendo N pontos.

Em seguida, um antigénio é substituído por um ponto Ag = <Ag1, Ag2, ..., Agl>, um anticorpo é, por sua vez, substituído por um ponto Ab = <Ab1, Ab2, ..., Abl> (Figura 4.7).

Para estimar o nível de afinidade entre o antigénio e o anticorpo, podem ser utilizadas algumas formas. A mais habitual é a utilização de distâncias. Existem vários intervalos, dos quais os mais utilizados são os seguintes: [104].

La distance Euclidienne

$$D = \sqrt{\sum_{i=1}^{L}(Abi - Agi)^2}$$

La Distance de Manhattan

$$D = \sqrt{\sum_{i=1}^{L}|Abi - Agi|}$$

La distance de Hamming

$$D = \sum_{i=1}^{L} \delta i \quad avec\ \delta i = \begin{cases} 1 & si\ Abi \neq Agi \\ \delta i = 0 & sinon \end{cases}$$

Si D↓ => Affinité ↑

Figura 4.8 *Nível de afinidade entre o antigénio e o anticorpo*

Assim, verifica-se que a afinidade anticorpo-antigénio é proporcional à diferença deste espaço entre estes últimos. Consequentemente, quanto menor for o espaço antigénio-anticorpo, maior será a afinidade entre estes últimos.

A Figura 4.9 mostra a complementaridade entre o antigénio e o anticorpo.

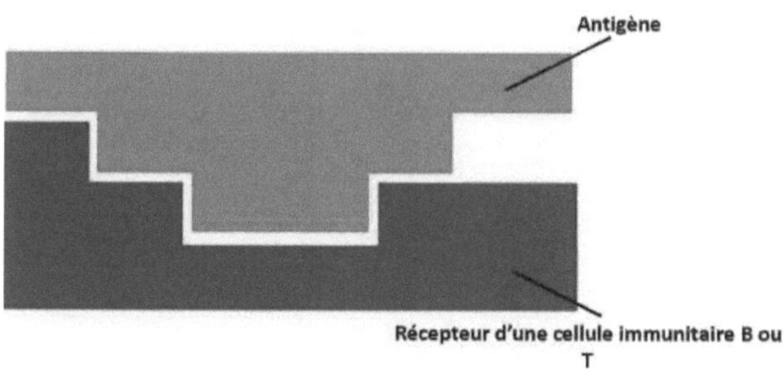

Figura 4.9 *Complementaridade entre o antigénio e o anticorpo*

4.4 Algoritmos AIS

Existem diferentes utilizações dos métodos imunitários, consoante o contexto e o problema a resolver.

4.4.1 Algoritmo de seleção negativa

Este algoritmo é utilizado, em primeiro lugar, no domínio da segurança informática. A ideia principal em que se baseia este algoritmo é que apenas as células T que não atacam as células do "eu" são capazes de sair do timo e terão a função de reconhecer as células do "não-eu".

Esta ideia é muito interessante, especialmente para aplicações de monitorização de sistemas e para a deteção de utilizações anormais ou invulgares [91].

Forrest et al (1994) [110] comparam o problema da proteção dos sistemas informáticos com o problema da aprendizagem da diversificação entre o próprio e o não próprio. Mais claramente, comparam o problema da deteção de alterações nos sistemas ao processo de seleção negativa com localização ao nível do timo [64].

Desenvolvido em 1994, um método de deteção de anomalias baseado na seleção negativa das células T no timo, este método e todos os outros métodos que utilizam o algoritmo de seleção negativa desenvolvem-se em dois ciclos:

Ciclo 1: Reprodução de um conjunto de detectores.

Ciclo 2: Posicionamento dos detectores para observar os dados (Figura 4.10).

Para a comparação, conta-se o número de bits em comum entre um dado e um detetor; se for superior a um limiar r, diz-se que há comunicação entre os dois. Eis um resumo do algoritmo de seleção Negativo [107].

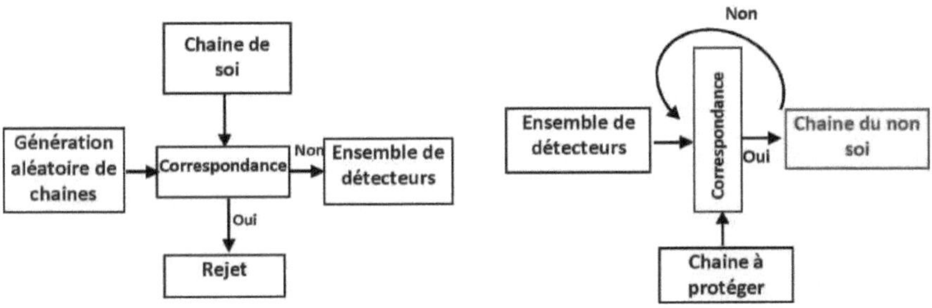

Figura 4.10 *Algoritmo de seleção negativa*

Para resumir o algoritmo, De Castro [82] propôs o seguinte pseudocódigo:

Extrato do algoritmo de De Castro

Para cada indivíduo de P Do

Determinar a sua afinidade com todos os elementos do conjunto do eu.

Se a afinidade for superior a um limiar r, então

O elemento de P reconhece um elemento do eu e deve ser removido de P. Se não for

É considerado um detetor do não-eu e será colocado em N.

Fim se

Fim Para

4.4.2 Algoritmo de seleção clonal

Como vimos nas partes preliminares, esta teoria baseia-se no pressuposto de que apenas as células que reconheceram o antigénio proliferam e amadurecem, tornando-se células de memória.

Existem várias utilizações da teoria da seleção clonal em diferentes contextos, quer seja no reconhecimento de padrões, na aprendizagem automática, na otimização multimodal ou na deteção de anomalias [104], os tratamentos desta teoria dão passos importantes no desenvolvimento desta última. Os dois algoritmos mais conhecidos são o CLONALG e o CLONCLASS,

O CLONALG é designado por CSA (Algoritmo de Seleção Clonal) e baseia-se nos seguintes princípios

- Preserva um conjunto de células de memória.
- Seleção e clonagem dos anticorpos mais estimulados.
- Re-seleção dos clones em função da afinidade com o antigénio.
- Supressão de anticorpos não estimulados.
- Maturação da afinidade deste último [105].

Este é o algoritmo que utilizaremos na nossa abordagem com algumas adaptações. A escolha do clonalg para a integração de políticas de manutenção de rotina no processo de encomenda justifica-se pela sua capacidade de aprendizagem, memorização, robustez e flexibilidade, o que torna o CLONALG útil para problemas de escalonamento.

O algoritmo CLONALG é apresentado da seguinte forma:

Algoritmo CLONALG

- *Criar um conjunto de anticorpos de tamanho N*
- *Um subconjunto de tamanho m conterá os anticorpos de memória que representarão a solução*

do problema.

Desde que a condição de encerramento não seja verificada

Selecionar um antigénio a do agregado.

Para cada anticorpo c do conjunto de anticorpos Abs, Make

Calcular a sua afinidade com a.

Selecionar os melhores n anticorpos de acordo com as suas afinidades.

Clonar os melhores n anticorpos.

Aplicar o processo de maturação da afinidade aos clones para aumentar o seu grau de correspondência com o antigénio a.

Voltar a expor os clones ao antigénio a e recalcular as suas afinidades.

Os melhores clones serão colocados em m.

Os N anticorpos mais fracos serão substituídos por outros anticorpos gerados aleatoriamente.

Endfor

Fim Enquanto

O conjunto m é considerado como uma solução do algoritmo.

- *Dependendo do problema, a solução global pode ser o melhor indivíduo ou um conjunto de m indivíduos.*

4.4.3 Algoritmo da rede imunitária

A rede imunitária descreve a forma como as células respondem em conjunto no sistema imunitário. Este método de rede imunitária foi apresentado por Jerne [101] em 1976.

É muito difícil de demonstrar experimentalmente, razão pela qual é geralmente objeto de reprovação por parte de alguns imunologistas.

A via é sensivelmente a mesma que a da seleção clonal, exceto que ele vê um dispositivo de supressão que abate as células que têm um certo limiar de afinidade entre si.

O algoritmo aiNet [105] tem por objetivo limitar a repetição no conjunto da população dada à entrada do algoritmo. Eis a sua versão reduzida, tal como dada por Timmis:

Extrato do algoritmo de Timmins

- *Entrada: Um conjunto G de formulários a serem reconhecidos*
- *Entrada: Um conjunto N de detectores aleatórios*

- *Entrada: n o número de melhores receptores*
- *Saída: M um conjunto de detectores gerados capazes de reconhecer formas de entrada.*
- *Aleatorização de uma população de indivíduos B*

Para cada forma de reconhecer fazer

Calcular a afinidade de cada membro de B com cada detetor N.

Clonagem e mutação de cada n de acordo com o grau de afinidade.

Selecionar os n membros de B que têm a melhor correspondência com as formas.

Colocar o elemento n com a afinidade mais elevada e adicioná-lo ao conjunto M.

Percorrer o conjunto para remover os membros mais fracos (a afinidade mais baixa).

- *Gerar elementos b e adicioná-los ao conjunto B.*

Endfor

4.5 Sistemas imunitários e algoritmos imunitários

Uma comparação entre os elementos dos sistemas imunitários e os seus equivalentes nos algoritmos imunitários apresentados no Quadro 4.1.

Tabela 4.1 *Comparação entre sistemas imunes e algoritmos imunes*

Sistemas imunitários	Algoritmos imunológicos
Antigénios	Problema a resolver
Anticorpo	Vetor das melhores soluções
Reconhecimento de antigénios	Identificação do problema
Produção de anticorpos das células de memória	Carregamento prévio das melhores soluções encontrado.
Supressão das células T	Eliminação de soluções potenciais excedentárias.
Proliferação de anticorpos	Utilizar um processo para criar cópias exactas da solução

1 De acordo com a Tabela 4.1, podemos fazer comparações entre um algoritmo imune e a sua

aplicação efectiva na nossa abordagem.

2 Por exemplo, o antigénio que corresponde ao problema a resolver, na nossa abordagem, representa o valor do Makespan.

O anticorpo que corresponde ao vetor das melhores soluções, na nossa abordagem, representa uma instância de um parâmetro de referência...

4.6 Conclusão

Neste capítulo, abordámos as principais noções do INS, nomeadamente as partes que o compõem (timo, medula óssea) ou as suas células (linfócitos, macrófagos).

Vimos a função de cada um destes elementos, bem como a interdependência que existe entre eles para estabelecer as duas grandes barreiras de proteção, conhecidas como imunidade inata e imunidade adaptativa.

O funcionamento deste sistema baseia-se em teorias como a seleção clonal e a seleção negativa, que após alguns estudos deram origem a sistemas imunitários artificiais.

Consequentemente, as AIS são uma adequação do sistema imunitário biológico, tentando especificar o seu funcionamento para descobrir soluções para problemas tão variados como complicados.

As caraterísticas do AIS são muito interessantes, como a capacidade de aprendizagem, a memorização, a robustez e a flexibilidade.

Todas estas caraterísticas tornam este método aplicável especialmente para integrar políticas de manutenção de rotina na programação.

Propomos uma abordagem híbrida entre o AIS e o ADM para a manutenção sistemática e, em particular, a integração das suas políticas na programação.

O capítulo seguinte apresenta uma descrição pormenorizada dos métodos de resolução do problema de programação do flow shop.

Capítulo 5: Métodos para resolver o problema de programação de flow shop

RESUMO

Entre os problemas da manutenção industrial, podemos citar a integração das políticas de manutenção preventiva sistemática na programação.

O objetivo deste capítulo é apresentar a manutenção sistemática e as suas políticas utilizadas na integração na programação.

Por fim, apresentamos alguns métodos de resolução do problema de programação de flow shop para fazer comparações com as nossas soluções propostas.

5.1 Introdução

Hoje em dia, é precisamente reconhecido no contexto industrial que a função de manutenção, cujo objetivo é assegurar o bom funcionamento das ferramentas de produção, é agora uma das funções estratégicas nas empresas.

No entanto, os clientes também mudaram no sentido em que exigem produtos de alta qualidade, entregas rápidas, tudo isto a custos razoáveis.

Sob este ónus, as indústrias são obrigadas a fazer progressos constantes a vários níveis, incluindo os custos, a qualidade dos produtos e os prazos de entrega.

Apresentamos neste capítulo as noções de manutenção sistemática e as suas políticas utilizadas na integração na programação. Apresentamos também um workshop de programação de flow shop híbrido. Finalmente, apresentamos alguns métodos de resolução do problema de programação flow shop.

5.2 Manutenção preventiva sistemática

As empresas precisam de diferentes tipos de máquinas para produzir bens. Cada máquina não é fiável no sentido em que se degrada com a idade e a utilização, acabando por falhar [148]. As operações de manutenção podem ser divididas em dois grandes grupos: Manutenção Corretiva (MC) e Manutenção Preventiva (MP). A MC corresponde às acções tomadas durante a falha já ocorrida. A MP é a medida tomada sobre um sistema enquanto este ainda está ativo. A MP é efectuada para manter o sistema no nível de funcionamento desejado. Podem ser definidas várias políticas de MP [140], [149], [150] e [151], a fim de determinar quando é necessário efetuar operações de MP nas máquinas de acordo com diferentes critérios. De seguida, apresentam-se três políticas clássicas [153].

5.2.1 Política I: Manutenção preventiva em intervalos de tempo fixos e predefinidos

As operações de MP são pré-planeadas em intervalos de tempo pré-determinados (TMPF) sem considerar modelos probabilísticos para o tempo de falha e fazem o melhor uso das paragens programadas após uma semana, um mês ou mesmo períodos cíclicos de produção anual. Nesta política, os intervalos de tempo fixos são determinados e as operações de MP são executadas exatamente nesses intervalos de tempo. Assume-se que as tarefas são não-preemptivas (o processo de uma tarefa não pode ser interrompido), sempre que houver uma sobreposição entre o processo de uma tarefa e as operações da MP, o processo da tarefa é transferido e as operações da MP são executadas em primeiro lugar. O procedimento é ilustrado por um exemplo. Suponhamos que uma oficina planeia as suas actividades de PM com base na Política I e decide realizar operações de PM a cada 120 unidades de tempo. A duração das operações MP (DMP) é de 40 unidades de tempo. Esta oficina tem três trabalhos (n = 3) para processar. Os tempos de processamento são apresentados na Tabela 5.1.

Tabela 5.1 *Tempo de processamento para uma única máquina com n = 3.*

Atividade	Tempo de tratamento
Emprego1	40
Emprego2	50
Emprego3	60
PM	40

Suponha que a sequência de tarefas selecionada é {2, 3, 1}. Os processos das Tarefas 2 e 3 atrasam 110 unidades de tempo. Agora, não é possível processar o terceiro trabalho da sequência (Trabalho 1), porque existe o tempo de processamento da MP de 40 unidades de tempo, que terminaria no momento de 150 enquanto TMPF = 120. Assim, a máquina seria deixada em repouso durante 10 unidades de tempo, depois a operação de MP começa no momento da 120ª unidade, e dura 40 unidades de tempo. Após a conclusão da MP, a tarefa 1 é processada. A Figura 5.1 mostra o diagrama de Gantt do exemplo dado na política I.

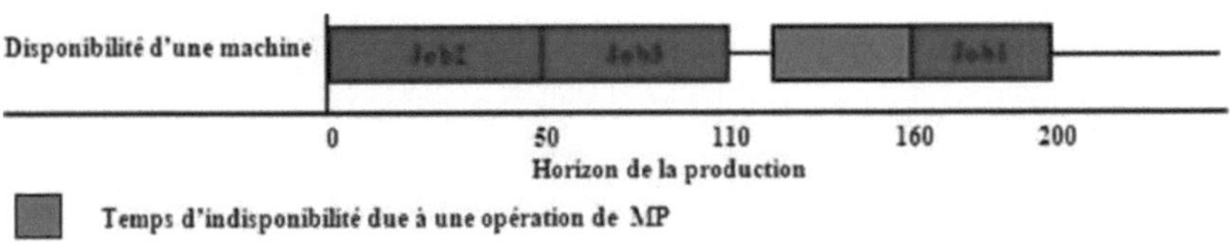

Figura 5.1 *Gráfico de Gantt da solução para o exemplo dado.*

5.2.2 Política II: Manutenção preventiva de acordo com um modelo de um período ótimo para maximizar a disponibilidade da máquina

Classicamente, o período ótimo entre duas actividades de manutenção preventiva sequenciais é determinado pela maximização da disponibilidade da máquina. Nesta política, a MP é efectuada de acordo com o período ótimo de manutenção. O objetivo desta política é maximizar a disponibilidade do sistema.

De acordo com Kutanoglu [140], o intervalo de manutenção ótimo TMPop pode ser calculado pela seguinte fórmula:

$$T_{MPop} = \theta . \left[\frac{T_p}{T_r(\beta - 1)} \right]^{1/\beta}$$

Assume-se que o tempo de falha segue uma distribuição de probabilidade de Weibull, T ≈ W [θ, β], com β> 1. Tr é o número de unidades de tempo que demora a intervenção e Tp o número de unidades de tempo da MP. TMPop é o intervalo entre duas MPs consecutivas.

Exemplo

Podemos afirmar que a política II consiste em efetuar uma MP sempre que uma máquina executa TMPop unidades de tempo.

Por exemplo, suponha-se que o tempo até à falha segue um modelo de Weibull, T≈ W [θ, β], com θ = 1349h eβ = 2, e com tr = 6 h e tp = 1 h.

Neste caso, o intervalo ótimo de MP, TMPop, é de 550,73 h, e quando a função de fiabilidade é aplicada, existe uma fiabilidade de aproximadamente 85%.

Para melhor compreender o procedimento de integração da MP e a programação da produção nesta política, considere o seguinte exemplo. Suponhamos que uma oficina planeia as suas actividades de MP com base na Política II e decide realizar operações de MP a cada 60 unidades de tempo (TMPop = 60). A duração destas actividades MP na máquina é de 25 unidades de tempo (DMP = 25). Esta oficina tem quatro trabalhos (n = 4) a tratar. A tabela 5.2 mostra os tempos de processamento.

Tabela 5.2 *Tempo de processamento para uma única máquina com n = 4.*

Atividade	Tempo de tratamento
Emprego1	25
Emprego2	30
Emprego3	20

Emprego4	30
PM	25

A sequência das tarefas é {4, 1, 3, 2}. Depois de processar as Tarefas 4 e 1, o tempo de processamento total acumulado é 30 + 25 = 55. Agora, é impossível processar a Tarefa 3 porque ela tem um tempo de processamento de 20 unidades de tempo, o que levaria a um tempo de processamento total acumulado de 75 unidades. Assim, o processo da Tarefa 3 é adiado e a MP é efectuada primeiro. Após a conclusão do MP primeiro, com uma duração de 25 unidades de tempo que vai de 55 a 80 unidades, o tempo total acumulado de processamento volta a zero e o processo do Job 3 começa. O mesmo raciocínio é aplicado a todas as tarefas. A Figura 5.2 mostra o diagrama de Gantt do exemplo dado nas políticas II.

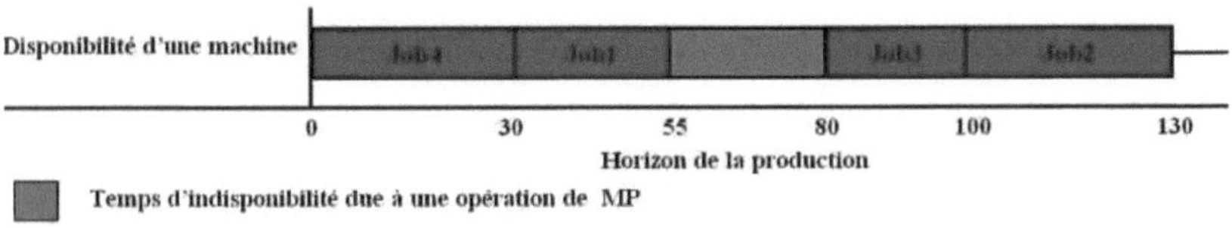

Figura 5.2 *Gráfico de Gantt da solução para o exemplo da política II*

5.2.3 Política III: Manutenção preventiva de acordo com um limiar mínimo de fiabilidade para um determinado período de produção *t*

Em alguns sistemas, o envelhecimento e o desgaste afectam a taxa de avarias, ou seja, esta pode aumentar com o tempo. Esta política consiste em efetuar uma MP sistemática após um tempo TMP, de modo a garantir uma fiabilidade mínima do sistema (R0 (t)) a partir do tempo t = 0. Assume-se que as MPs repõem as máquinas no sistema, em estado como novo. Neste caso, a MP será efectuada em intervalos regulares de 0, TMP, 2TMP, 3TMP, ..., NTMP, que são considerados como pontos de renovação.

Quando o tempo até à falha segue um modelo de Weibull, T ≈ W [θ, β], com β> 1 (a taxa de falha aumenta com o tempo), o tempo entre MPs nesta política pode ser obtido da seguinte forma

$$T_{MP} = \left[-\theta^{\beta} . \frac{LnR_0(t)}{t}\right]^{1/\beta-1}$$

A integração da MP e da programação da produção na política III é efectuada da mesma forma que na política II.

Nas políticas II e III, a MP depende do tempo de funcionamento da máquina, ao contrário da política I em que as actividades da MP são realizadas em função do tempo (não é importante). Outro problema é a duração das actividades da MP, que se designa por D_{MP} .

5.3 Programação de fluxos híbridos

O problema da programação híbrida flow shop (OFSH) pode ser enunciado da seguinte forma: considere-se um conjunto de n trabalhos a processar em m fases. Cada fase i pode ter várias máquinas idênticas em paralelo, designadas por mi. Na OFSH, é necessário que todos os trabalhos passem pelos pisos com a mesma ordem de partida do piso 1 para o piso m. Cada trabalho pode ser executado por qualquer máquina numa fase, no entanto, quando é atribuído a uma máquina, o seu processo não pode ser interrompido. Cada máquina pode executar um trabalho de cada vez. Não há restrições de precedência entre os trabalhos, ou seja, eles podem ser processados em qualquer ordem. O tempo de processamento de cada trabalho j na fase i (designado por Pj, i) i é fixo e conhecido antecipadamente. Uma vez que as máquinas são idênticas, o tempo de processamento de um trabalho numa fase é constante entre as máquinas dessa fase. No OFSH, existem duas dimensões de decisão:

> Sequência do trabalho

> Atribuir o trabalho às máquinas de cada piso.

A Figura 5.3 mostra um esquema geral de um flow shop híbrido.

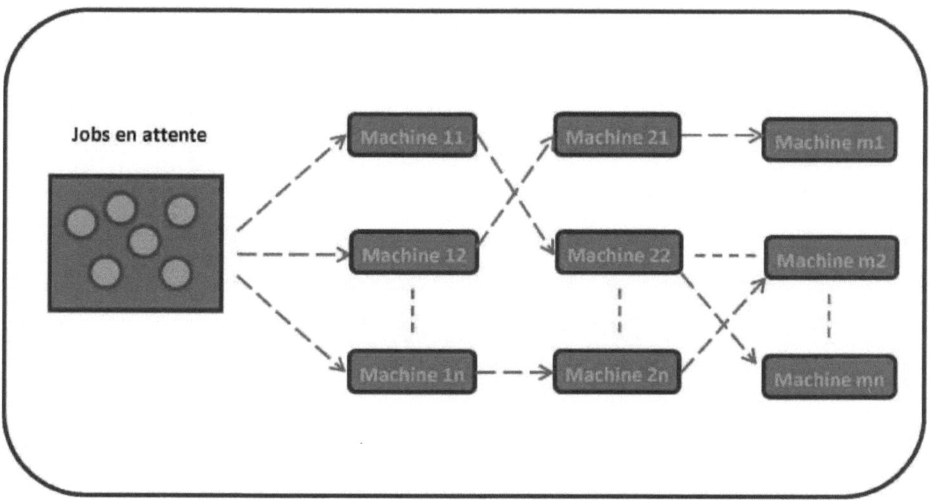

Figura 5.3 *Visão geral de um flow shop híbrido*

5.4 Métodos para resolver o problema de programação de flow shop

Apresentamos nesta secção alguns métodos de resolução do problema de programação flow shop, existentes na literatura. Esta apresentação será útil no próximo capítulo para fazer comparações com as nossas abordagens para resolver este problema.

5.4.1 Algoritmo de Johnson

O algoritmo de Johnson é um paradoxo da programação. A referência de Johnson 54 é, sem dúvida, a referência mais citada do mundo da programação. Praticamente ninguém o leu, não tem praticamente nenhum interesse industrial, mas a originalidade da sua abordagem e a sua simplicidade fazem dele um "objeto de culto". [134]

O algoritmo de Johnson aplica-se a um problema de flow shop com duas máquinas e o critério a otimizar é o Cmax (makespan).

Por conseguinte, os pressupostos são os seguintes:

- Todos os trabalhos têm duas operações, uma na máquina 1 e outra na máquina 2,
- As máquinas só trabalham num trabalho de cada vez,
- No início da programação, ambas as máquinas estão livres e a oficina está vazia,
- As duas tarefas de um trabalho não se podem sobrepor (é necessário esperar pelo fim da primeira para iniciar a segunda)
- Não há tempos de ajustamento, ou estes estão incluídos nos tempos de processamento, o que é o mesmo.

Notação:

I Índice de empregos

Ai: tempo de processamento do trabalho i na primeira máquina.

Bi: tempo de processamento do trabalho i na segunda máquina.

Johnson provou que, para encontrar a programação que minimiza o Cmax (data de fim do último trabalho na última máquina), é suficiente classificar i antes de j se:

Min (Ai, Bj) <min (Aj, Bi)

A partir da propriedade anterior, Johnson desenvolveu o seguinte algoritmo:

Algoritmo de Johnson

- *Classificar os postos de trabalho em dois grupos:*

- *No primeiro grupo, G1, colocar todos os trabalhos como Ai <Bi*

- *No segundo grupo, G2, colocar todas as tarefas tais que Bi <= Ai*

- *Classificar G1 por tempo de processamento mais curto (ou PCDT) na máquina M1 (por Ai croissants*

- *Classificar G2 por maior tempo de processamento (ou PlDT) na máquina M2 (por Bi decrescente*

- *Consideremos a sequência obtida pela concatenação de G1-G2*

Para nos convencermos disso, basta comparar dois elementos i e j, i classificado antes de j.

- Se i e j estão em G1, então Ai <Bi e Aj <Bj e Ai <Aj uma vez que G1 é classificado pelo PCDT em M1. Portanto, Ai <Aj <Bj e, por conseguinte, min (Ai, Bj) = Ai <min (Aj, Bi).
- se i e j estão em G2, então Bi <= Ai e Bj <= Aj e Bj <= Bi, uma vez que G2 é classificado por PlDT em M2. Logo, Bj <Bi <Ai e, portanto, min (Ai, Bj) = Bj <min (Aj, Bi).
- se i está em G1 e j em G2, então Ai <= Bi e Bj <= Aj. Assim, min (Ai, Bj) <min (Aj, Bi).

Ambas as formulações são equivalentes

5.4.2 Algoritmo NEHH

Em 1983, Nawaz, Enscore Jr. & Ham [145] propuseram um algoritmo baseado na suposição de que um lote com um tempo total de execução elevado tem prioridade (o lote é posicionado em prioridade num escalonamento parcial) em relação a uma tarefa inferior no caso da minimização do makespan. Adaptámos esta heurística para o caso da minimização da soma dos atrasos, favorecendo as tarefas com o valor

$$\boldsymbol{Neh_i} = \left(\frac{\mathbf{1}}{\boldsymbol{W_i}}\right) * (\boldsymbol{d_i} - (\boldsymbol{r_i} + \sum_{j=1}^{m} \boldsymbol{P_{ij}}))$$

NEH_H Algoritmo

- *Ordenar as tarefas por ordem crescente de Neh em T.*

- *Criar uma sequência vazia S.*

Desde que (T não vazio) do

T = T - primeiro elemento j de T;

Ensaio do elemento j em todos os locais de S;

Inserirj em S no local que minimiza var.

Fim.

5.4.3 Algoritmo PCDT e PLDT

Existem outros métodos para resolver o problema da calendarização, tais como:

1) A aplicação da duração mais curta do processamento (ou PCDT) para OFSH: o PCDT organiza os trabalhos por ordem crescente dos tempos de processamento dos trabalhos na fase 1 [98].

2) A aplicação da heurística do processamento mais longo (ou PLDT) para OFSH: o PLDT organiza os trabalhos por ordem decrescente dos tempos de processamento dos trabalhos na fase 1 [98].

5.5 Conclusão

Neste capítulo, apresentámos as principais políticas de manutenção sistemática para integração nas oficinas de programação.

O capítulo apresenta também um workshop de programação de flow shop híbrido.

Apresentámos alguns métodos de resolução do problema de programação de lojas de fluxo, tais como o algoritmo de Johnson, NEHH, PCDT e PLDT. Cada uma destas heurísticas dá bons resultados, mas nenhuma garante a solução óptima.

Tendo em conta as desvantagens destes métodos, o capítulo seguinte aplica critérios simples de compreender e fáceis de aplicar, mas absolutamente adaptáveis a outros problemas de programação da máquina.

Explora a programação híbrida de flow shop e actividades de manutenção preventiva sistemática em simultâneo e, para resolver o problema, propõe duas abordagens multiagente baseadas em dois métodos emergentes, algoritmos genéticos e algoritmos SIA.

Capítulo 6: Abordagens desenvolvidas para integrar as políticas de manutenção sistemática na programação

RESUMO

Neste capítulo, propomos duas abordagens multiagentes baseadas em dois métodos de emergência, o AG denominadoFSHMAGA e o AIS denominadoFSHMAIA.

Estas duas abordagens resolvem o problema da integração das políticas de manutenção de rotina numa oficina de programação.

Como caso de aplicação, tomámos a programação de uma oficina híbrida Flow shop.

Estas duas abordagens são desenvolvidas no âmbito do Netlogo, um ambiente de modelização programável para simular fenómenos naturais e sociais.

Efectuámos comparações entre as nossas abordagens e as heurísticas desenvolvidas em Matlab, nomeadamente, o algoritmo de Johnson, o algoritmo NEHH, o PCDT e o PLDT.

Com base nestas comparações, mostrámos que as nossas abordagens dão melhores resultados em comparação com outras heurísticas.

6.1 Introdução

Uma das hipóteses de programação mais estudadas prevê que as máquinas não podem estar periodicamente disponíveis durante a programação da produção. Embora muitos investigadores tenham tentado integrar a produção e o planeamento da manutenção preventiva através de diferentes métodos, alguns destes métodos são muito complexos.

Este capítulo propõe métodos de integração simples, mas facilmente extensíveis, para outros problemas de programação da máquina. Este capítulo examina a integração de políticas de manutenção de rotina na programação de um flow shop híbrido.

O objetivo é minimizar os tempos de execução. Duas abordagens multi-agente baseadas em dois métodos de emergência, GAs e SIAs, e algumas heurísticas construtivas são desenvolvidas para resolver o problema. A primeira abordagem é designada por: Flow shop Scheduling Hybrid Multi Agent Genetic Algorithm (FSHMAGA). A segunda abordagem é designada por: Flow shop Scheduling Hybrid Multi Artificial Immune Agent (FSHMAIA)

6.2 Abordagem FSHMAGA proposta

Os AG procuram um espaço problemático com uma população de cromossomas, cada um dos quais representa uma solução codificada. É atribuído um valor de aptidão a cada cromossoma em função do seu desempenho. O mais desejável é o cromossoma que tem o valor mais baixo. A população evolui através de um conjunto de operadores até ser atingido um critério de paragem.

6.2.1 Organigrama da abordagem FSHMAGA proposta

A figura 6.1 mostra um fluxograma da nossa abordagem FSHMAGA (Flow Shop Scheduling Hybrid Multi Agent Genetic Algorithm) para integrar políticas de manutenção sistemática na programação.

Cada agente da nossa abordagem executa o mesmo processo, que é o cálculo da função objetivo (Fitness), que corresponde no nosso caso ao valor do makespan.

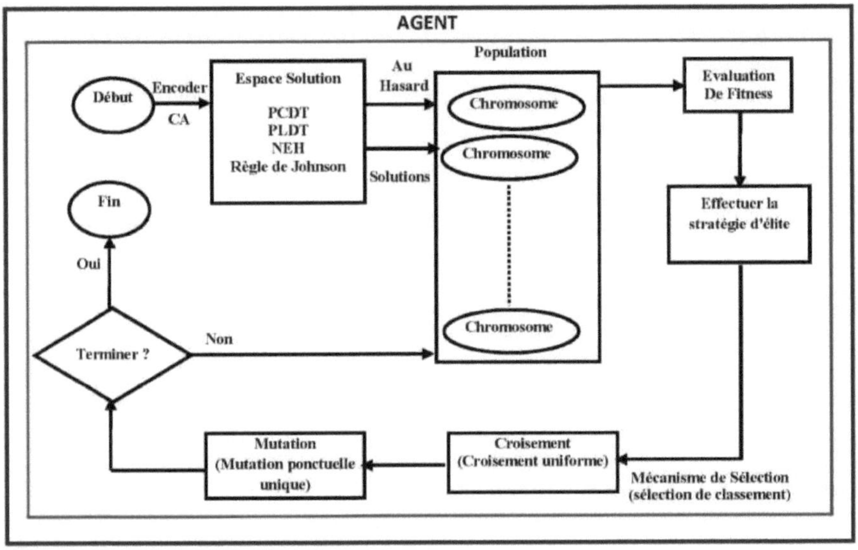

Figura 6.1 *Organigrama da abordagem FSHMAGA proposta*

As melhorias aplicadas ao AG utilizado são as seguintes:

S A aplicação da chave aleatória (CA) como técnica de codificação da população inicial. Uma vez que as soluções iniciais podem influenciar fortemente os resultados finais obtidos pelos AGs. Quatro soluções são produzidas pelas heurísticas PCDT, PLDT, regra de Johnson (m / 2, m / 2) e NEHH, e o restante é gerado aleatoriamente.

S Executa a estratégia de elite para copiar os melhores cromossomas da população atual (Nr indivíduos) diretamente para a geração seguinte. O objetivo é propor cromossomas de baixo makespan.

S Como mecanismo de seleção, utilizámos a seleção por ranking. Este mecanismo de seleção seleciona os cromossomas da população atual de modo a que um cromossoma com o valor de Fitness mais baixo tenha mais probabilidades de ser selecionado.

S A escolha do cruzamento uniforme parametrizado para a operação de cruzamento dos progenitores. O objetivo e criar melhores sequências através da combinação dos progenitores.

S A escolha da mutação de ponto único para a operação de mutação. O principal objetivo da aplicação da mutação é evitar a convergência para um ótimo local e diversificar a população.

S Também a nossa contribuição reside principalmente na hibridação do AG melhorado com um SMA.

6.2.2 Algoritmo da abordagem FSHMAGA proposta

O algoritmo da abordagem proposta é resumido da seguinte forma:

Algoritmo FSHMAGA

Para cada agente Fazer

Para produzir um conjunto de cromossomas (TP) como população inicial

Enquanto um critério de paragem não for cumprido,

Calcular valores de aptidão física

Executar a estratégia de elite // Nr pessoas são copiadas para a geração seguinte

For I = Nr + 1 to TP do

Selecionar dois progenitores utilizando um mecanismo de seleção

Efetuar um cruzamento uniforme em dois progenitores selecionados e gerar o i-ésimo descendente

Se rand <Pm então // rand é um número aleatório uniformemente distribuído (0,

1)

Efetuar uma mutação pontual no i-ésimo descendente

Fim se

Fim para

Fim Enquanto

Fim Para

fim

Cada agente na nossa abordagem efectua as seguintes operações:

S Produzir um conjunto de cromossomas (TP) como população inicial.

Calcular os valores de aptidão (Makespan).

S Selecionar dois progenitores através de um mecanismo de seleção.

S Realizar cruzamentos com dois progenitores selecionados.

S Efetuar uma mutação pontual única.

Este trabalho repete-se até chegar o agente que tem o valor de aptidão mais baixo.

6.2.3 Esquema de codificação e operadores da abordagem proposta FSHMAGA

Nos AG, a representação dos cromossomas é feita sob a forma de cadeias binárias compostas por 0 e 1, o que não é obviamente adequado para descrever a programação do flow shop híbrido, uma vez que é bastante problemático representar e explorar a programação sob esta forma.

6.2.3.1 Chave aleatória

O esquema de codificação mais utilizado é a chave aleatória (CA), a primeira representação proposta por Norman e Bean [154] para os problemas de várias máquinas idênticas e mais tarde utilizada por [153] e [155]. As vantagens mais importantes deste tipo de esquema de codificação são o facto de ser simples de implementar e facilmente adaptável a todos os operadores. O algoritmo da chave aleatória pode ser descrito da seguinte forma:

Algoritmo de chave aleatória

Para todos os trabalhos

Atribuir um número real cuja parte inteira é o número da máquina à qual a tarefa está atribuída

A parte fraccionada é utilizada para controlar os trabalhos atribuídos a cada máquina. Os números aleatórios são utilizados apenas para a primeira fase. Determinam a sequência e a atribuição de tarefas apenas para a fase 1.

Para todas as fases sucessivas i, {i = 2, 3, ..., m} Fazer

- a sequência das tarefas é determinada pelos tempos mais antigos de conclusão das tarefas na fase anterior

- a regra de atribuição da máquina é a primeira máquina disponível.

Fim para

Fim para

Para o nosso problema, precisamos de gerar quatro números aleatórios com uma distribuição uniforme entre (1,1 + m1) para a primeira fase (Figura 6.2).

2,96	**1,58**	**2,22**	**1,13**

Figura 6.2 *Solução codificada utilizando a representação CA.*

É sabido que as soluções iniciais podem influenciar fortemente os resultados finais obtidos pelos AGs. Assim, gerámos soluções iniciais da seguinte forma: quatro soluções são produzidas pelas heurísticas PCDT, PTT, regra de Johnson (m / 2, m / 2) e NEHH, e as restantes são geradas aleatoriamente.

6.2.3.2 Estratégia de elite

Os cromossomas com baixo makespan são os mais desejáveis e, por isso, alguns dos cromossomas (Nr) com os valores mais baixos de makespan são automaticamente copiados para a geração seguinte. Este mecanismo é designado por reprodução ou estratégia de elite. O resto dos cromossomas (TP - Nr)% ou os seus filhos são produzidos através do cruzamento de duas outras sequências ou pais por um operador chamado operador de cruzamento. Os operadores de cruzamento devem evitar gerar soluções inviáveis.

6.2.3.3 Mecanismo de seleção

Para a seleção dos progenitores a submeter a cruzamento, utilizamos a seleção por classificação, que pode ser descrita da seguinte forma

Algoritmo de seleção de classificação

- Os indivíduos da população atual são primeiro ordenados de acordo com as suas funções objetivo.

Para cada indivíduo

Atribuir uma probabilidade normalizada para que as melhores soluções tenham maior probabilidade de serem selecionadas.

Fim para

- Os indivíduos são escolhidos aleatoriamente como pais a submeter aos operadores com base nas suas probabilidades.

6.2.3.4 Passagem de uniforme dos paramédicos

O objetivo é gerar uma melhor geração, ou seja, criar melhores sequências através da combinação dos pais. O nosso cruzamento é uniformemente parametrizado (CUP), uma vez que mostrou a sua eficácia em OFSH na literatura anterior [153] e [155]. É necessário especificar que o CUP funciona através das chaves aleatórias e define-se da seguinte forma:

Algoritmo CUP

Para cada trabalho Fazer

Gera um número aleatório entre (0, 1).

Fim para

Se o valor for inferior a 0,8, então

A AC da tarefa correspondente ao pai 1 é copiada para o filho. Caso contrário, é selecionada a AC do pai 2.

Fim se

Os postos de trabalho são classificados por ordem crescente de CA.

O procedimento é ilustrado numericamente pela sua aplicação a um exemplo com n = 5 e m1 = 2 mostrado na FIG. 6.3.

Parent 1	**2,66**	**1,58**	**2,92**	**1,13**	**2,64**
Parent 2	**1,42**	**2,81**	**2,12**	**1,92**	**2,48**
Random N°	**0,62**	**0,34**	**0,97**	**0,12**	**0,89**
Enfant	**2,66**	**1,58**	**2,12**	**1,13**	**2,48**

Figura 6.3 *Procedimento paramétrico de cruzamento uniforme aplicado a um exemplo com n = 5 e m1 = 2.*

6.2.3.5 Mutação de ponto único

Um operador de mutação é utilizado para modificar ligeiramente a sequência, ou seja, para gerar uma sequência nova, mas semelhante. O principal objetivo da aplicação da mutação é evitar a convergência para um ótimo local e diversificar a população. O operador de mutação também pode ser visto como uma mera forma de pesquisa local.

Muitos investigadores concluíram que apenas a mutação de ponto único, denominada MPU, pode proporcionar melhores resultados do que outras mutações como a SWAP ou a inversão.

Por isso, usamos a MPU como mutação genética [124] e [125]. O procedimento MPU pode ser descrito da seguinte forma:

- A CA de uma tarefa selecionada aleatoriamente é regenerada aleatoriamente. A Figura 6.4 mostra uma solução ilustrativa que sofre uma mutação.

Antes da mutação	**1,62**	**2,34**	**1,97**	**2,12**	**2,89**
Depois da mutação	**1,62**	**1,68**	**1,97**	**2,12**	**2,89**

Figura 6.4 *Procedimento de mutação pontual simples aplicado a um exemplo com n = 5 e ml = 2*

6.2.4 Conclusão

Nesta primeira parte, apresentámos a abordagem FSHMGA proposta. Trata-se de uma abordagem multiagente baseada em AG, para resolver o problema da integração de políticas de manutenção sistemática na programação. Escolhemos os seguintes operadores: chave aleatória para codificação, estratégia de elite, seleção de classificação, cruzamento uniforme e mutação de ponto único.

6.3 Abordagem FSHMAIA proposta

Na abordagem proposta, que designámos por FSHMAIA (Flow Shop Scheduling Hybrid Multi Artificial Immune Agent) para o nosso problema, os antigénios referem-se às funções objetivo (makespan) que devem ser optimizadas. Os anticorpos referem-se a soluções candidatas (semelhantes aos cromossomas AG).

6.3.1 Organigrama da abordagem FSHMAIA proposta

A Figura 6.5 mostra um fluxograma detalhado da nossa abordagem FSHMAIA para integrar as políticas de manutenção de rotina na programação.

Cada agente da nossa abordagem realiza o mesmo processo, que é o cálculo da função objetivo (Fitness).

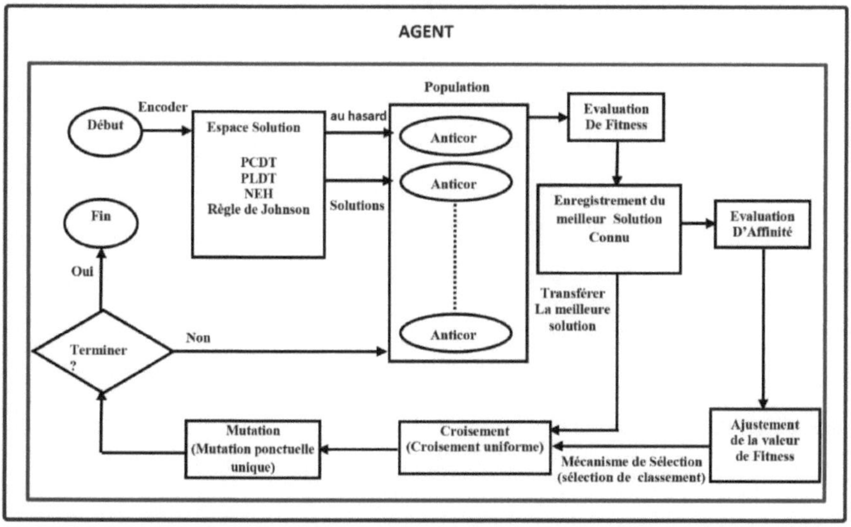

Figura 6.5 *Organigrama da abordagem FSHMAIA proposta*

A SIA proposta nesta abordagem foi baseada na seleção clonal e inspirada mais particularmente no algoritmo CLONALG proposto por [104]. A nossa SIA baseia-se igualmente no princípio da maturação da afinidade do sistema imunitário.

As melhorias aplicadas ao AIS utilizado são as seguintes:

S A aplicação da chave aleatória (CA) como técnica de codificação da população inicial. Tal como no AG, a SIA parte de um número de anticorpos, designado por população. A população é melhorada por um conjunto de operadores até ser atingido um critério de paragem.

S Utiliza um mecanismo de aceleração (como a estratégia de elite dos AG) para copiar os pais na geração seguinte. Através do mecanismo de aceleração, as soluções candidatas com melhor aptidão são transferidas para a população seguinte.

S Como mecanismo de seleção, utilizámos a seleção de classificação. Para selecionar os anticorpos a submeter aos operadores, uma função de seleção que utiliza um bom valor de cada anticorpo (semelhante aos valores de aptidão em AG).

S Propor um novo procedimento para o cálculo da afinidade dos anticorpos. Por outro lado, o cálculo das afinidades entre anticorpos tem por objetivo eliminar os anticorpos semelhantes. Este procedimento executa as seguintes tarefas: Se uma solução candidata a um valor de afinidade superior a um valor limite prescrito (SA), é atribuída uma probabilidade mais baixa, multiplicando a probabilidade anteriormente obtida a partir do valor do ativo, Anticorpos com um fator inferior a 1 (AR). Isto reduzirá a probabilidade de ser selecionado.

S A escolha do cruzamento uniforme parametrizado para a operação de cruzamento do progenitor.

S A escolha da mutação de ponto único para a operação de mutação.

S A nossa contribuição reside essencialmente na hibridação da SIA melhorada com uma SMA.

6.3.2 Algoritmo da abordagem FSHMAIA proposta

O algoritmo da abordagem FSHMAIA proposta é resumido da seguinte forma:

Algoritmo FSHMAIA

Para cada agente

Produzir um conjunto de anticorpos (TP) como população inicial

Enquanto um critério de paragem não for cumprido,

Calcular anticorpos de bons valores

Calcular valores de afinidade de anticorpos

Ajustar os valores finais de aptidão dos anticorpos

Executar um mecanismo de aceleração // Nº de indivíduos

For I = Nr + 1 to TP do

Selecionar dois progenitores utilizando um mecanismo de seleção

Efetuar o cruzamento uniforme e gerar o i-ésimo descendente

Se rand <Pm então // rand é um número aleatório uniformemente distribuído (0, 1) Efetuar uma mutação pontual única no i-ésimo descendente

Fim se

Fim para

Fim Enquanto

Fim para

Fim

Cada agente na nossa abordagem efectua as seguintes operações:

S Produzir um conjunto de anticorpos (TP) como população inicial.

S Calcular anticorpos com bons valores.

S Calcular os valores de afinidade dos anticorpos

S Executar um mecanismo de aceleração

S Selecionar dois progenitores utilizando um mecanismo de seleção

S Efetuar o atravessamento uniforme

S Realização de uma mutação pontual

Este trabalho repete-se até chegar o agente que tem o valor de aptidão mais baixo.

6.3.3 Esquema de codificação e operadores da nossa abordagem FSHMAIA

6.3.3.1 Inicialização

- *Definição dos parâmetros:* definir o tamanho da população (PS), o número de soluções diretamente copiadas para a população seguinte (Nr), a probabilidade de mutação (Pm), o peso dos factores de semelhança (Wdl, Wd2, Wd3, Wd4), o limiar de afinidade (AT) e a afinidade de ajustamento (AA).

- *Geração da população inicial:*

- Gerar aleatoriamente uma população inicial de anticorpos (TP-4).
- Gerar um anticorpo com PCDT.
- Gerar um anticorpo com PLDT.
- Gerar um anticorpo com a Regra de Johnson (m / 2, m / 2).
- Gerar um anticorpo com NEH_H .

6.3.3.2 Cálculo da função de objetivo

Em geral, uma função objetivo (Fitness) inclui um ou mais indicadores de desempenho que medem a eficácia de um anticorpo.

Os anticorpos candidatos são primeiro transformados numa programação válida. No final, são avaliados utilizando uma função objetiva para obter os seus valores de adaptação. Para um problema de maximização, é desejável um valor de adaptação elevado e a SIA tenta maximizá-lo. Para um problema de minimização, a função objetivo é formulada de forma a transformá-la num problema de maximização

No nosso caso, o makespan deve ser minimizado; a uma solução candidata com um makespan elevado é atribuído um valor de Fitness baixo.

Para um anticorpo i, a função de aptidão é calculada do seguinte modo

$$f(i) = \frac{\frac{1}{C_{max}(i)}}{\sum_{i=1}^{TP} \frac{1}{C_{max}(i)}}$$

Onde: f (i) é o valor de aptidão para o anticorpo i, C_{max} (i): é o tempo de fabrico do anticorpo i e TP: é a dimensão da população.

6.3.3.3 A afinidade

Dependendo das probabilidades calculadas pelo valor bom e pelo valor de afinidade, a seleção é feita utilizando um mecanismo de seleção de classificação.

Para avaliar melhor a eficácia da função de afinidade SIA, aplicámos novamente os parâmetros de cruzamento uniforme e a mutação de ponto único.

A principal diferença entre a SIA e a AG é que, na SIA, a probabilidade de cada anticorpo ser selecionado depende tanto do seu desempenho como do seu valor de afinidade. Por outro lado, na AG, esta probabilidade é calculada apenas pelo seu desempenho.

A avaliação da afinidade da SIA aumenta a diversidade de anticorpos numa população e, por conseguinte, proporciona uma oportunidade de visitar mais espaço de investigação à custa do tempo computacional necessário.

A questão principal é saber se, num dado problema complexo, o cálculo da afinidade vale o seu custo, ou seja, a proporção do tempo que consome em relação ao tempo total de computação do algoritmo. No parágrafo seguinte, descrevemos em pormenor o procedimento de cálculo da afinidade.

6.3.3.4 Algoritmo de cálculo de afinidade

Para calcular a afinidade, os anticorpos são comparados com o anticorpo mais conhecido (APC) obtido até à data. A afinidade exprime simplesmente a semelhança entre um anticorpo e o APC.

O valor de afinidade para cada anticorpo no nosso problema é calculado através da aplicação do seguinte algoritmo:

Algoritmo de cálculo de afinidade

Para cada tarefa j Efetuar

Calcular um rácio de semelhança

Fim para

- A média dos rácios de todos os trabalhos num anticorpo é definida como o valor de afinidade global desse anticorpo.

- O rácio de semelhança do posto de trabalho j é calculado comparando a posição deste posto de trabalho através da correspondência entre o anticorpo e o APC.

- A sequência da tarefa e a atribuição das fases subsequentes são obtidas através das seguintes regras:

S A hora de conclusão mais antiga Trabalhos no piso anterior e na primeira máquina disponível, respetivamente.

S O rácio de semelhança é obtido a partir da posição da tarefa j na fase 1.

Fim

Definimos os quatro critérios seguintes para calcular o rácio de semelhança do posto de trabalho j:

Algoritmo de rácio de similaridade

(1) Se a tarefa j estiver em ambos os anticorpos (anticorpo candidato e APC), então a tarefa j é processada pela mesma máquina.

Fim se

(2) Se o fator 1 for "sim", então

A tarefa j está na mesma posição na máquina correspondente. Fim se

(3) Se o anterior da tarefa j estiver em ambos os anticorpos, então

É o mesmo trabalho.

Fim se

(4) Se o sucessor da tarefa j estiver em ambos os anticorpos, então é a mesma tarefa.

Fim se

Cada critério tem um peso que mostra a sua importância relativa (denotado por Pdi, i = {1, 2, 3, 4}). Se um critério for satisfeito, a tarefa j recebe o seu peso e o valor total dos pesos recebidos é o rácio de semelhança da tarefa j. Depois de calcular a semelhança de cada tarefa, as semelhanças médias das tarefas são utilizadas como a afinidade do anticorpo candidato.

6.3.3.5 Exemplo de aplicação do algoritmo de cálculo de afinidade

Vamos ilustrar o algoritmo aplicando-o a um exemplo com n = 5 e m1 = 2. Suponha que as soluções descodificadas obtidas pelo candidato e pelo anticorpo APC são apresentadas na Figura 6.6 e na Figura 6.7. Considere novamente que Pd1 = 0,3, Pd2 = 0,1, Pd3 = 0,3 e Pd4 = 0,3. Neste caso, a tarefa 1 cumpre os critérios 1 e 4, pelo que o seu rácio de semelhança se resume a 0,6. A tarefa 2 cumpre os critérios 1, 2 e 3, pelo que o seu rácio de semelhança é de 0,7. Da mesma forma, as tarefas 3, 4 e 5 têm rácios de similaridade de 0,6, 0 e 0, respetivamente. Finalmente, o valor de afinidade desta solução candidata é 0,38.

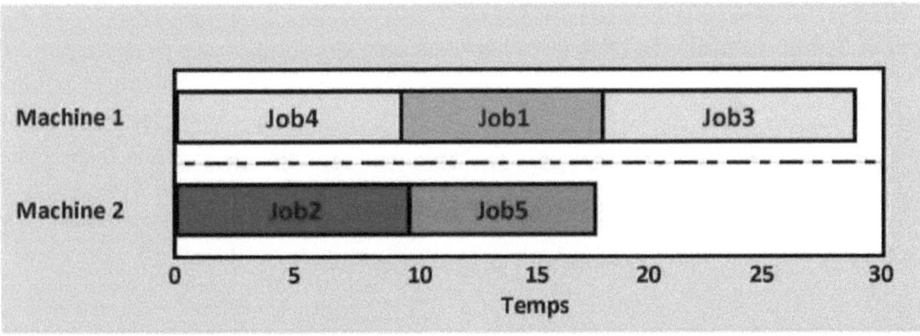

Figura 6.6 *Gráfico de Gantt do anticorpo candidato à primeira fase.*

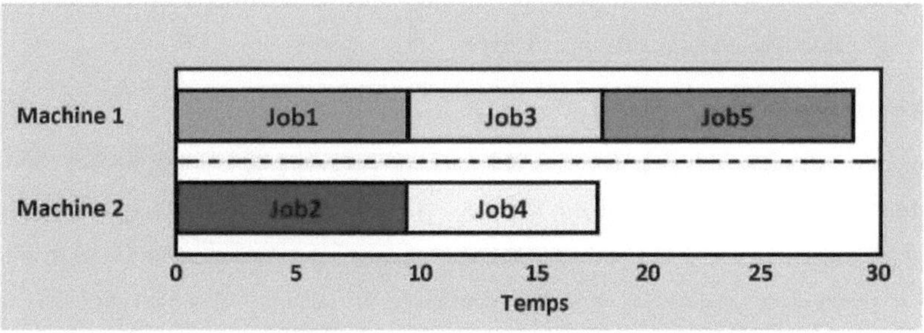

Figura 6.7 *Gráfico de Gantt do anticorpo mais conhecido no primeiro andar.*

6.3.4 Conclusão

Nesta segunda parte, apresentámos a conceção da segunda abordagem FSHMAIA proposta. Trata-se de uma abordagem multi-agente baseada no AIS.

Utilizámos os mesmos operadores que a abordagem FSHMAGA e propusemos um novo algoritmo para calcular a afinidade.

Na próxima secção, faremos comparações entre as nossas duas abordagens FSHMAIA e FSHMAGA com outras heurísticas, tais como NEHH, regra de Johnson, PCDT e PLDT.

6.4 Resultados e discussão

Nesta secção, avaliamos as nossas abordagens multiagentes com base nos métodos de emergência propostos.

O nosso objetivo é comparar as nossas abordagens com as heurísticas, NEH, regra de Johnson (m / 2, m / 2), PCDT e PLDT.

Implementámos esta heurística no MATLAB7.0, que funciona num PC Intel Core Duo 2 de 2,0 GHz e 2 GB de RAM. O critério de paragem utilizado durante o teste com todas as instâncias da heurística é definido como um limite de tempo de CPU definido como n2 × m × 1,5 ms. Este critério de paragem não só permite mais tempo do que o número de trabalhos ou aumentos nos pisos, como também é mais sensível a um aumento do número de trabalhos do que do número de pisos.

Utilizamos a percentagem relativa da diferença (ERP) como medida de desempenho comum para comparar os métodos. A solução correta obtida para cada instância (denominada Minsol) é calculada por um dos algoritmos. A PRE é obtida pela seguinte fórmula:

$$PRE = \frac{Alg_{sol} - Min_{sol}}{Min_{sol}} \times 100$$

Onde Algsol é o valor da função objetivo obtido por um determinado algoritmo para uma instância. É evidente que são preferíveis valores PRE mais baixos.

6.4.1 Regulação dos parâmetros

É sabido que os diferentes níveis dos parâmetros afectam claramente a qualidade das soluções obtidas pelas nossas duas abordagens multi-agente baseadas no AIS (FSHMAIA) e no GA (FSHMAGA). Várias diferenças entre o FSAMAIA e o FSHMAGA podem ser obtidas com as diferentes combinações de parâmetros. Aplicámos uma parametrização do tamanho da população (PS), do número de soluções diretamente copiadas para a população seguinte (Nr), da probabilidade de mutação (Pm), do peso dos factores de semelhança (Wd1,Wd2,Wd3, Wd4), do limiar de afinidade (SA) e da afinidade de ajustamento (AR). A Tabela 6.1 e a Tabela 6.2 mostram os níveis considerados

Quadro 6.1 *Níveis dos parâmetros do FSHMAIA.*

Settings	Level N °	Levels
Number of agents	3	10,20,30
Size Population	3	50, 100, 150
(N_r, P_m)	3	(10, 0.10), (20, 0.15), (30, 0.20)
(Pd_1, Pd_2 Pd_3 Pd_4)	2	(0.20, 0.10, 0.35, 0.35), (0.30, 0.20, 0.25, 0.25)
(SA, AR)	3	(0.40, 0.50), (0.60, 0.50), (0.80, 0.50)

Tabela 6.2 *Níveis dos parâmetros do FSHMAGA.*

Settings	Level N °	Levels
Number of agents	3	10,20,30
Size Population	3	50, 100, 150
(N_r, P_m)	3	(10, 0.10), (20, 0.15), (30, 0.20)

Um conjunto de 30 instâncias em 3 grupos (n = 40, 70, 100) é gerado e resolvido pelos algoritmos. Depois de analisar os resultados para o FSHMAGA, escolhemos: NAG = 20, Nr = 10, Pm = 0.15 e TP = 100, e para o FSHMAIA os resultados indicam que os melhores valores para NAG = 20, Nr = , Pd = 0.15 e TP = 100, Pdl = 0.3, Pd2 = 0.2, Pd3 = 0.25 e Pd4 = 0.25, SA = 0.6 e AR = 0.5. Ou seja, se o valor da afinidade for superior a 0,6, a probabilidade de ser selecionado por um mecanismo de classificação selecionado é multiplicada por 0,5.

6.4.2 Geração de dados

Os dados necessários para resolver o problema da integração das políticas de manutenção sistemática no sistema híbrido de produção em contínuo (OFSH) são compostos por duas partes: os dados relativos à programação da produção e os dados relativos à manutenção de rotina. É necessário tratar os dados de forma a garantir que um número significativo de operações de MP seja efectuado em cada máquina. Se o tempo entre duas operações consecutivas da MP for inferior ao tempo máximo de processamento, alguns trabalhos nunca poderão ser processados. Por outro lado, se esse tempo for muito grande, é muito provável que não seja necessária qualquer operação de MP.

A primeira parte dos dados inclui o número de trabalhos (n), o número de fases (m), o número de máquinas idênticas a cada fase (mi), o intervalo de tempo de processamento (Pj, i) Empréstimos. Temos n = {40, 70, 100}, e m = {2, 4, 8}. Para definir o número de máquinas em cada piso, temos dois conjuntos. No primeiro, temos um número de distribuições aleatórias uniformes de máquinas compreendidas entre uma e três máquinas por piso, e no segundo temos um número fixo de duas máquinas por piso. Os tempos de empréstimo para o piso 1 são definidos como 0 para todas as tarefas. Os tempos de empréstimo no estágio (i + 1) são os tempos de execução no estágio i, portanto esses dados não devem ser gerados. A Tabela 6.3 mostra os factores e os seus níveis.

Tabela 6.3 *Factores e respectivos níveis.*

Factors	Levals
Number of Jobs	40, 70, 100
Number of floors	2, 4, 8
Distribution of a machine	a. Constant : 2 b. Variable : U (1, 3)
Processing time	U (1, 99)

A segunda parte dos dados está dividida em três subpartes, cada uma das quais considera uma política. Como já foi referido, a geração do TMPF, do TMPop e do TMP deve ser efectuada com o maior cuidado. Para isso, é preciso definir uma variável artificial "xi" para estimar a carga de trabalho nas máquinas de cada estágio i, como segue:

$$x_i \approx \frac{n}{m_i}$$

Assim, "xi" é o número esperado de trabalhos em cada máquina do piso i. Por conseguinte, o intervalo desta variável seria *xi = {10,13.3,17.5,20,23.3,25,33.3,35,40,50,70,100}*

Por exemplo, no caso de n = 70, g = 2, m1 = 2 e m2 = 3, obtém-se x1 = 35 e x2 = 23,3. Os outros dados necessários para cada política são gerados da seguinte forma:

1. Os dados para a política I do PM: TMPF são determinados em função de xi. Se xi <25, então TMPF = 450; caso contrário, TMPF = 650. A duração da operação MP (DMP) é fixada em 50%, 100% e 150% do tempo de processamento.

2. Os dados para a política PM II: Como mencionado anteriormente, existem 9 combinações de n e g. Para cada combinação, é definido β = {2, 3, 4}. A política DPM é a mesma que a política I. Nesta política, tp é fixado em 1 e tr em 8 para todas as experiências. Os valores de θ são fixados em função da variável x_i. Os níveis de θ são escolhidos de forma a garantir que um grande número de operações de PM seja efectuado em cada máquina. Por exemplo, deve notar-se que um valor pequeno de θ resultaria num valor muito grande de TMPop e que um valor muito grande impediria provavelmente a realização de certos tratamentos de trabalhos em máquinas sem interrupções devido à pequena quantidade de TPM_{op}. Os valores de θ são apresentados na Tabela 6.4.

Tabela 6.4 *Valores de θ correspondentes à variável xi.*

x_i	10	13.3	17.5	20	23.3	25	33.3	35	40	50	70	100
θ	1400	1600	1850	1950	2100	2200	2550	2600	2750	3100	3650	4350

3. Os dados para a política III do MP: os níveis de θ, β e DMP são os mesmos da política II. O objetivo é uma fiabilidade de 95% após o período t de produção, pelo que R0 (t) = 0,95. Para calcular o TMP, é necessário determinar o período t, que pode ser facilmente obtido a partir dos tempos de processamento de uma dada instância. Como os tempos de processamento estão uniformemente distribuídos em (1, 99), t = xi 50.

Todos os resultados dos diferentes níveis de factores citados em 54, 162 e 162 cenários para as Políticas I, II e III, respetivamente. Para cada cenário, existem 10 problemas diferentes, resultando num total de 540, 1620, 1620 instâncias.

6.5 Resultados experimentais

Os resultados das experiências em média para cada combinação de n e m (180 dados pela média) nos três subconjuntos (Políticas I, II e III) estão resumidos nas Tabelas 6.5, 6.6 e 6.7. Como esperado, as duas abordagens propostas funcionam melhor do que as outras heurísticas nas três políticas. A FSHMAIA proposta fornece os melhores resultados para a FSHMAGA nas três políticas com um PRE de 1,81%, 1,74% e 1,67%, respetivamente, enquanto a FSHMAGA obtém um PRE de 3,49%,

3,19% e 3,63% nas políticas I, II e III, respetivamente.

Os resultados PRE do FSHMAIA são os mais baixos em todos os 9 grupos (combinações de n e m), mantendo a sua robustez nas três políticas de PM.

Tabela 6.5 *Valores PRE da política I para cada algoritmo*

n	*m*	*Algorithmes*					
		FSHMAIA	*FSHMAGA*	NEH_{H}	*John*	*PCDT*	*PLDT*
40	2	**1.95**	3.36	8.69	20.16	24.49	30.48
	4	**1.94**	3.64	9.96	19.98	30.63	32.01
	8	**2.37**	4.37	7.75	22.13	28.59	30.75
70	2	**1.93**	4.40	8.29	25.17	31.11	27.26
	4	**1.79**	2.66	9.80	18.03	25.12	30.91
	8	**1.38**	3.87	7.11	19.02	21.30	28.06
100	2	**1.20**	2.47	5.68	23.75	31.17	31.32
	4	**1.67**	3.11	4.57	24.48	24.08	26.79
	8	**2.06**	3.52	4.91	20.69	27.18	25.52
PRE moyenne		**1.81**	3.49	7.42	21.49	27.08	29.23

Tabela 6.6 *Valores PRE da política II para cada algoritmo*

n	*m*	*Algorithmes*					
		FSHMAIA	*FSHMAGA*	*NEH_H*	*John*	*PCDT*	*PLDT*
40	2	**1.04**	2.79	9.43	16.83	28.37	28.94
	4	**2.08**	3.51	9.81	18.82	27.89	31.87
	8	**2.33**	3.20	7.57	18.66	24.28	25.75
70	2	**1.73**	4.19	8.98	19.61	28.43	28.96
	4	**1.56**	3.11	9.12	18.71	25.17	29.60
	8	**1.51**	3.21	8.62	16.98	28.26	31.52
100	2	**1.27**	2.23	6.25	19.98	26.05	31.97
	4	**2.33**	3.02	5.31	16.64	27.99	27.53
	8	**1.82**	3.46	5.40	16.54	26.45	26.41
PRE moyenne		**1.74**	3.19	7.83	18.09	26.99	29.17

Table 6.7 *Valores PRE da política III para cada algoritmo*

n	*m*	*Algorithmes*					
		FSHMAIA	*FSHMAGA*	*NEH$_H$*	*John*	*PCDT*	*PLDT*
40	2	**1.38**	2.32	8.74	16.06	26.99	25.94
	4	**2.18**	3.99	8.36	17.93	24.01	29.57
	8	**1.21**	3.29	7.37	19.70	28.69	28.14
70	2	**1.40**	3.23	9.59	17.44	27.18	32.06
	4	**1.11**	4.67	9.88	18.56	29.80	29.59
	8	**2.01**	2.49	8.40	21.90	27.32	32.74
100	2	**1.38**	4.40	5.34	18.89	30.13	30.49
	4	**2.18**	4.94	5.36	20.48	27.44	28.42
	8	**2.16**	3.34	4.13	18.72	31.70	30.51
PRE Moyenne		**1.67**	3.63	7.46	18.85	28.14	29.72

Como se pode ver, com a NEHH, os resultados são notavelmente melhores do que os das outras heurísticas, com PRE de 7,42%, 7,83% e 7,46% nas políticas I, II e III, respetivamente. Após a NEHH, o algoritmo de Johnson obtém valores de PRE iguais a 21,49%, 18,09% e 18,85% nas políticas I, II e III, respetivamente. Os algoritmos com pior desempenho são o PCDT e o PLDT, com quase 30% de PRE.

Para uma análise precisa dos resultados, efectuamos uma análise de variância (ANOVA). A análise da variância permite estudar o comportamento de uma variável contínua para explicar em função de uma ou mais variáveis explicativas categóricas. No nosso caso, são os valores de PRE que não devem ser estudados em relação aos factores: número de postos de trabalho, número de pisos e tipo de política de PM.

A Figura 6.8 mostra o gráfico dos melhores valores de PRE. Como se pode ver na Figura 6.8, a abordagem FSHMAIA proposta dá o resultado correto em comparação com os outros algoritmos.

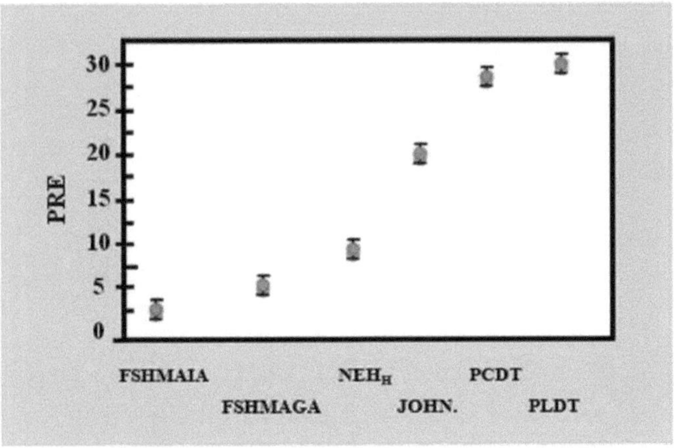

Table 6.8 . *Gráfico dos melhores valores de PRE entre os diferentes algoritmos.*

Analisamos as interações entre factores como, por exemplo, o número de trabalhos, o número de fases e o tipo de política de MP no desempenho dos algoritmos. No final, apresentamos os valores de PRE obtidos pelos algoritmos em função dos diferentes níveis dos factores.

Devido ao desempenho muito pior do PCDT, PLDT e Johnson (m / 2, m / 2), excluímo-los da experiência.

Como mostra a Figura 6.9, a abordagem FSHMAIA fornece o menor ERP nos três níveis do número de postos de trabalho, e especialmente para um número de postos de trabalho igual a 70. Quando o número de postos de trabalho é aumentado, o NEHH tem um melhor desempenho e dá bons resultados. Os valores do FSHMAGA permanecem quase estáveis em todos os três níveis.

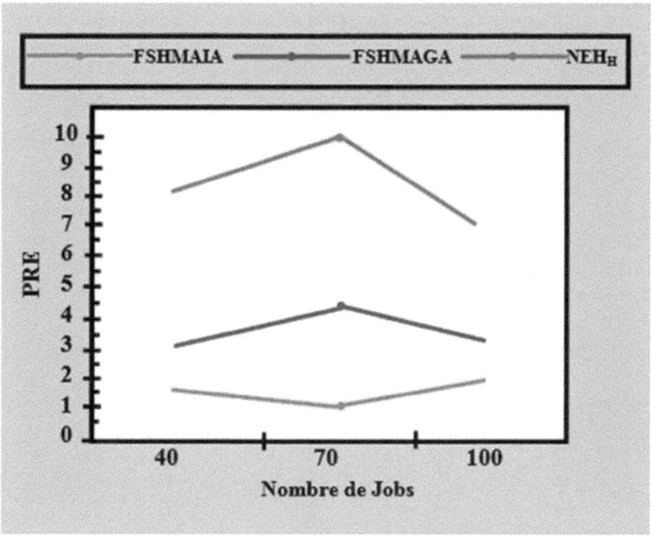

Figura 6.9 *Gráfico dos valores PRE para o número de postos de trabalho.*

A Figura 6.10 mostra que um número crescente de pisos resulta no melhor desempenho do NEH_H . Os melhores valores de PRE ainda são fornecidos pelo FSHMAIA.

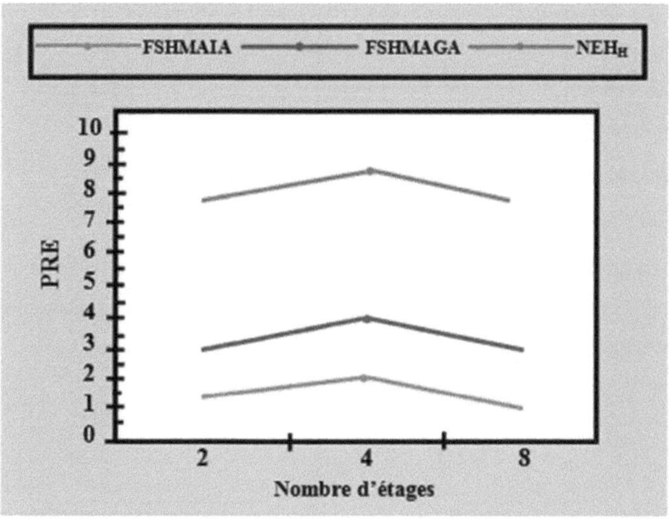

Figura 6.10 *Gráfico dos valores PRE para o fator número de fases.*

Não há interação entre o desempenho dos algoritmos e o fator de política PM. Em todos os casos, o FSHMAIA tem um desempenho melhor do que os outros algoritmos (Figura 6.11).

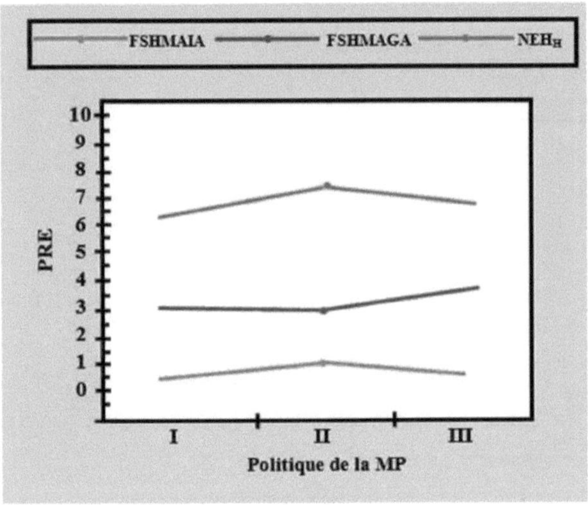

Figura 6.11 *Gráfico dos valores PRE para o fator de política MP.*

6.6 Conclusão

Neste capítulo apresentámos o nosso trabalho, que consiste na integração de políticas de manutenção preventiva de rotina em flow shops híbridos para minimizar o makespan.

Para resolver um problema tão complexo, propusemos duas abordagens multi-agente baseadas em dois métodos de emergência, AGs e AISs, nos quais utilizámos operadores avançados como o cruzamento paramétrico uniforme e a mutação de ponto único. Além disso, definimos um novo procedimento de cálculo de afinidade para o FSHMAIA.

Também avaliámos as adaptações de algumas heurísticas bem conhecidas, incluindo PCDT, PLDT, regra de Johnson (m / 2, m / 2) e NEHH.

Foi criado um benchmark com grande cuidado para avaliar os algoritmos. O benchmark contém até 100 trabalhos e 8 andares. Todos os resultados mostraram que o FSHMAIA dá resultados satisfatórios em comparação com os outros algoritmos, para além da sua robustez nas três políticas do PM.

Conclusão geral

No âmbito desta investigação, discutimos a resolução de um dos problemas de manutenção industrial. Implementámos duas abordagens multi-agente baseadas em métodos emergentes, GAs e SIA, para a resolução do problema de otimização do tempo de processamento.

O principal objetivo do nosso trabalho é integrar políticas de manutenção preventiva sistemática na programação.

Esta tese começa por fazer o ponto da situação sobre o nosso domínio de investigação, nomeadamente a SMA, os métodos de emergência e a manutenção sistemática. Apresentámos alguns estudos realizados com a ADM no domínio industrial. Em seguida, citamos as investigações efectuadas com os métodos de emergência no domínio industrial. Pouco trabalho foi feito no domínio da manutenção sistemática e, mais particularmente, na integração das suas políticas num flow shop scheduling híbrido.

De seguida, iniciámos as ADMs. Estudámos os conceitos essenciais de agentes, as explicações distintas, específicas, as diferentes arquitecturas e os principais modelos de agentes. Depois vimos os sistemas multi-agentes (SMA), a sua emergência da IAD e os seus campos de aplicação. Abordámos ainda as noções de agentes dentro das empresas, os novos constrangimentos e as novas funcionalidades resultantes da cooperação entre os vários agentes que constituem a empresa. Vimos o interesse dos SMAs, os pontos fortes destes sistemas e as inovações trazidas por estes sistemas.

Em seguida, discutimos a importância das noções de emergência e auto-organização, suas definições e fundamentos adequados, enfatizando o que reúne, mas principalmente o que distingue as duas noções. A utilização da emergência e da auto-organização envolve também uma série de métodos metaheurísticos, como a computação evolutiva, as redes neuronais, os algoritmos de formigas e a otimização por enxame de partículas. Estas técnicas são apresentadas e discutidas com um olhar crítico sobre a noção de emergência.

Posteriormente, interessámo-nos em descobrir as noções essenciais dos sistemas imunitários naturais e as teorias subjacentes em que se baseia a conduta destes sistemas. Depois, interessámo-nos pelo AIS, que é a aplicação de sistemas imunitários naturais para resolver problemas complexos.

Demos ênfase à manutenção preventiva sistemática, apresentando as suas políticas. Vimos também a programação, e em particular a programação de uma oficina flow shop híbrida. Vimos também alguns métodos de resolução do problema de programação de oficina de fluxo híbrido.

No final, propusemos duas abordagens para a resolução do problema de otimização do intervalo de tempo mínimo (Makespan) ao integrar políticas de manutenção sistemática na programação de um flow shop híbrido.

É uma hibridação entre SMAs e inspirações do corpo humano e mais particularmente da genética e do sistema imunitário humano. Partimos do princípio de que as máquinas podem estar periodicamente indisponíveis durante a programação da produção.

As duas abordagens propostas são aplicadas a três políticas de manutenção preventiva. Estas políticas são concebidas para maximizar a disponibilidade ou manter um nível mínimo de fiabilidade durante a cadeia de produção.

Os critérios que aplicámos são muito simples mas eficazes. Para além disso, são adaptáveis a todos os problemas de programação.

Para resolver um problema tão complexo, propusemos duas abordagens multi-agente baseadas em dois métodos de emergência, FSHMAGA e FSHMAIA.

Utilizámos operadores avançados; a chave aleatória para codificação, seleção de classificação, cruzamento uniforme e mutação de ponto único.

Além disso, definimos um novo procedimento de cálculo de afinidade para o FSHMAIA. Este procedimento baseia-se no cálculo de um rácio de semelhança de anticorpos. Para tal, propusemos um algoritmo baseado em critérios quadráticos para calcular o rácio de semelhança.

122

Também avaliámos as adaptações de algumas heurísticas bem conhecidas, incluindo

Johnson (m / 2, m / 2), NEHH, PCDT e PLDT,

Foi criado um benchmark com grande cuidado para avaliar os algoritmos. O benchmark contém até 100 trabalhos e 8 andares. Todos os resultados mostraram que o FSHMAIA tem um desempenho melhor do que os outros algoritmos nas três políticas de MP.

Como uma investigação futura interessante, poder-se-ia:

Fazer comparações entre as abordagens propostas e outros métodos como as colónias de formigas e a otimização por enxame de partículas.

S Testar estas duas abordagens noutros parâmetros de referência baseados em dados reais de sistemas industriais.

Estudar a integração das políticas de manutenção noutros problemas de programação, como os ateliers de oficina aberta.

Referências

[01] A.KELLY, M. J. HARRIS, "Management of Industrial Maintenance", Londres, Butter worth's Management Library, 1978

[02] S.NAKAJIMA, "Total Productive Maintenance. Introduction to TPM", Cambridge, Productivity Press, 1988.

[03] A. ABBOU, "contribution a la mise en œuvre d'une maintenance centralisée : conception et optimisation d'un atelier de maintenance", Tese de doutoramento, Universidade de Joseph Fourier - GRENOBLE 1, outubro de 2003.

[04] V.ZILLE, "Modélisation et évaluation des stratégies de maintenance complexes sur des systèmes multi-composants", Thèse de doctorat, l'Université de Technologie de Troyes, 2009

[05] F. MONCHY, "Maintenance - Méthodes et organisation", coll. " Technique et ingénierie ", Dunod, p513, 2003.

[06] R. C. BALDWIN, "Enabling an E-maintenance infrastructure", 2004.

[07] A. KELLY, "Maintenance and its Management", Conference Communication, Farnham, Inglaterra, 1989.

[08] Norma AFNOR, "Terminologie de la maintenance", NF-EN 13306. X60-319, p57, junho de 2001.

[09] S.NAKAJIMA, "TPM Development Program: Implementing Total Productive Maintenance", Cambridge, Productivity Press, 1989.

[10] R.C. BALDWIN, "How do you spell e-maintenance?", 2004.

[11] Norma AFNOR, "Statistique et Qualité, introduction à la fiabilité", X NF, 06-501, novembro de 1977.

[12] J.P.SOURIS, "La maintenance source de profits", Paris, Les Éditions d'Organisation, 1990.

[13] G.ZWINGELSTEIN, "La maintenance basée sur la fiabilité" (A manutenção baseada na fiabilidade). Hermès, 1996.

[14] A.DESPUJOLS, "Otimização da manutenção através da fiabilidade". Techniques de l'ingénieur, dossier MT9310, 2004.

[15] I.GERTSBAKH, "Models of Preventive Maintenance". North-Holland, Amesterdão, 1977.

[16] M.*GLADE,* "Modélisation des couts de cycle de vie : prévision des couts de maintenance et de la

fiabilité Application a l'aéronautique", Tese de doutoramento, Ecole centrale de Lyon, 2007.

[17] C.GREGOIRE, "Modélisation et simulation de stratégies de maintenance d'un système de graissage a l'aide de réseaux de Pétri". Relatório de projeto de fim de estudos de engenharia da Universidade de Tecnologia de Troyes, EDF R&D Chatou, Printemps 2004.

[18] P. LYONNET, "Optimisation d'une politique de maintenance". Edite par TEC ET DOC, 1999.

[19] A. MULLER, "Contribuição para a manutenção previsional dos sistemas de produção através da

formalisation d'un processus de pronostic", Tese de doutoramento, Université Henri Poincaré - Nancy 1, 2005.

[20] S.OZEKICI, "Reliability and maintenance of complex systems", NATO ASI Series -series F / Computer and system safety, vol. 15, Springer, 1996.

[21] E. ADAM, "Systèmes multi-agents : éléments introductifs", Université de Valenciennes et du Hainaut-Cambrésis

France, 2008.

[22] G. CLAIR, E. KADDOUM, M. P. GLEIZES, e G. PICARD, "Approches multi-agents autoorganisatrices pour un contrôle manufacturier intelligent et adaptatif", In Cépaduès, editor, Journées Francophones sur les Systèmes Multi-Agents, pp. 191-200, 2008.

[23] C. BAEIJS, "Funcionalidade Emergente numa Sociedade de Agentes Autónomos". Tese de doutoramento, Instituto Nacional Politécnico de Grenoble, França, 1998.

[24] J. FERBER, "Les systèmes multi-agents vers une intelligence collective", Inter Editions, 1995.

[25] M. H. STEFANINI, "TALISMAN : une architecture Multi-Agents pour l'analyse du français écrit", Tese de Doutoramento em Informática, Universidade Grenoble II, 1993.

[26] J. L. KONING, "Des règles d'interaction comme modèle de contrôle en univers multi agent", Habilitation à diriger les recherches de l'INP. Grenoble. Laboratório Leibniz. Grenoble. 2001.

[27] J. BORDINI, "Multi-Agent Programming, Languages, Platforms and Applications", ISBN-10: 0387-24568-5,2005.

[28] J.P. BRIOT, Y. DEMAZEAU, "Introdução aos agentes: Princípios e arquitetura dos sistemas multi-agentes", Coleção IC2, Hermès, 2001.

[29] M.DASTANI, A. E. SGHROUCHNI, "Programming Multi Agents Systems", Primeiro Workshop Internacional, ProMAS, 2003.

[30] Y. DEMAZEAU, "La plate forme PACO et ses applications", 2eme journée nationale du PRC-IA sur les systèmes multi-agents, Montpellier, 1993.

[31] R. COURDIER, "Systèmes multi-agents : Inteligência artificial e inteligência colectiva", Hermès, 2005.

[32] S. TANDABANY, "Método de programação orientada para o agente", Hermès, 2005.

[33] W. SHEN, D.H. NORRIE, "Agent-based systems for intelligent manufacturing: a state of-the-art survey", KAIS, vol. 1, n. 2, pp. 129-156, 1999.

[34] P.M. RICORDEL, "Programmation Orientée Multi-Agents - Développement et Déploiement de Systèmes Multi-Agents Voyelles", Institut National Polytechnique de Grenoble, 2001.

[35] W. SHEN, Q. HAO, "Applications of agent based systems in intelligent manufacturing: An updated review", Advanced Engineering Informatics, vol. 20, pp. 415-431, 2006.

[36] A. DROGOUL, "Systèmes multi-agents", Universidade de Paris-6, 2005

[37] J. DREO, P. SIARRY, "Métaheuristiques pour l'optimisation et auto organisation dans les systèmes biologiques", Universidade de Paris XII Val-de-Marne, Laboratório de Estudos e Investigação em Instrumentação, 2003.

[38] W.SHEN, D.H. NORRIE, J.P.BARTHÈS, "Multi-Agent Systems for Concurrent Intelligent Design and Manufacturing", Taylor and Francis, Londres, Reino Unido, 2001.

[39] H. V. D. PARUNAK, S. BRUECKNER, M. FLEISCHER, e J. ODELL, "A design taxonomy of multi-agent interactions". Lecture Notes in Computer Science, vol. 4, pp123-137, 2003.

[40] S.TOUAF, "Diagnostic logique des systèmes complexes dynamiques dans un contexte multi-agent", Tese de doutoramento, Universidade de Joseph Fourier - GRENOBLE 1, março de 2005.

[41] J. DEGUET, "Intégration de l'émergence au sein des systèmes multi-agent, une étude appliquée à la recherche heuristique", Tese de doutoramento, Universidade de Joseph Fourier - GRENOBLE 1, maio de 2008.

[42] P.GAUTHIER, "Metodologia de desenvolvimento de sistemas multi-agentes adaptativos

Conceção de lógicos com funcionalidade emergente". Tese de doutoramento, Universidade Paul Sabatier - Toulouse, dezembro de 2004.

[43] J. GABER, M. BAKHOUYA, "Approche Auto-adaptative Inspirée du Système Immunitaire pour la Mise en Œuvre de l'Ubiquité", In: 27th Annual IEEE Conference on Local Computer Networks (IEEE LCN02) 230-240, 2004.

[44] P. MERZ, "Algoritmos Meméticos para Problemas de Otimização Combinatória: Paisagens de aptidão e estratégias de pesquisa eficazes". Tese de doutoramento, Universitat-GesamthochschuleSiegem, 2000.

[45] J. C. CRÉPUT, A. KOUKAM, "The memetic self-organizing map approach to the vehicle routing problem. Soft computing applications in industry", vol. 12, pp. 189-205, 2008.

[46] T. COUDERT, B. ARCHIMED, B. GRABOT, "un système multi-agents pour la coopération production/maintenance", Journal of Decision Systems,VOL 13, pp.27-62 -2004.

[31] Y. HARRATH, "Algorithmes génétiques et fouille de données pour un ordonnancement réactif dans un atelier de type job-shop", Thèse de doctorat, Université de Franche-Comté Besançon , 2002.

[32] D. ROY, F. VERNADAT, "Reactive Shop-Floor Control with multi-agent System". IFAC/IFIP Int Conf. on management and control of production and logistics, Brasil, pp. 426-431, 1997.

[33] A. Mahdi, "Utilisation de métaheuristiques hybrides pour la résolution de problèmes d'agencement d'atelier de découpe 2D et d'ordonnancement", 2007.

[34] T. DEWOLF, T. HOLVOET, "Emergência e auto-organização: uma declaração de semelhanças e diferenças". In Proceedings of the International Workshop on Engineering Self-Organizing Applications, pp.96-110, 2004.

[35] J. DEGUET, Y. DEMAZEAU, L. MAGNIN, "Elementos sobre a questão da emergência, um levantamento das definições de emergência". In Actas da Conferência Europeia sobre Sistemas Complexos (ECCS'05), Paris, França, 2005.

[36] M. DEMPSTER, "A Self-Organizing Systems Perspective on Planning for Sustainability", Tese de doutoramento, Universidade de Waterloo, Escola de Planeamento Urbano e Regional, 1998.

[37] J. GEORGÉ, "Résolution de Problèmes par Émergence. Estudo de um Ambiente de Programação Emergente". Tese de doutoramento, Universidade Toulouse III - Paul Sabatier, U.F.R. Mathématiques, Informatique et Gestion, 2004.

[38] J. GOLDSTEIN, "Emergence as a construct: History and issues Emergence", vol. 1, pp. 49-72 1999.

[39] F. HEYLIGHEN, "Self-organization, emergence and the architecture of complexity", In the 1st European Conference on System Science, 1989.

[40] J. HOLLAND, "Emergence: from chaos to order". Addison-Wesley, 1998.

[41] O. HOLLAND, C. MELHUISH, "Stigmergy, self-organization, and sorting in collective robotics", Artificial Life, vol. 5, pp. 173-202, 1999.

[42] C. LUCAS, "Emergência e evolução - constrangimentos na forma", 2003.

[43] J. P. MÜLLER, "Vers une méthodologie de conception de systèmes multi agents de résolution de problème par émergence", In JFIADSMA'98, 1998.

[44] F.BENBOUZID SITAYEB, "Contribution à l'étude de la performance et de la robustesse des ordonnancements conjoints production/maintenance -cas du flow shop". Tese de doutoramento, Université de Franche-Comté Besançon, junho de 2005.

[45] F. HEYLIGHEN, "A ciência da auto-organização e da adaptação". In The Encyclopedia of Life Support Systems, UNESCO Publishing-Eolss Publishers, 2002.

[46] J. KAABI-HARRATH, "Contribution à l'ordonnancement des activités de maintenance dans les systèmes de production". Tese de doutoramento, Université de Franche-Comté Besançon, junho de 2005.

[63] E. BONABEAU, G. THÉRAULAZ, "Auto-organisation et comportement, chapitre Autoorganisation et comportements collectifs : la modélisation des sociétés d'insectes", 1997.

[64] F. SEMPÉ, "Auto-organisation d'une Collectivité de Robots : Application à l'Activité de patrouille en présence de perturbation", Tese de doutoramento, Université Pierre et Marie Curie, paris, França, 2004.

[65] S. CAMAZINE, J. DENEUBOURG, N. FRANKS, J. SNEYD, G. THERAULAZ, E. BONABEAU, "Self-Organization in Biological Systems", Princeton University Press, 2000.

[66] G. NICOLIS, I. PRIGOGINE, "Self-organization in Non-equilibrium Systems", Nova Iorque, 1977.

[67] K. SURESH, N. KUMARAPPAN, "Algoritmo genético combinado e recozimento simulado para

preventive unit maintenance scheduling in power system", IEEE Power Engineering Society General Meeting, PES, 18-22 de junho, Montreal, Quebec, Canadá, 2006.

[68] M. DORIGO, V. MANIEZZO, A. COLORNI, "Ant system: Otimização por uma colónia de agentes cooperantes", IEEE Transactions on Systems, Man and Cybernetics-Part B, vol. 26, pp. 2941, 1996.

[69] M. DORIGO, C. BLUM, "Ant colony optimization theory: A survey. The oretical Computer Science", pp. 243-278, 2005.

[70] A. COLORNI, M. DORIGO, et V. MANIEZZO. "Otimização distribuída por colónias de formigas". In Proceedings of the First European Conference on Artificial Life, pp.134-142, 1991.

[71] E. BONABEAU, M. DORIGO, et G. THERAULAZ, "Swarm Intelligence: From Natural to Artificial Systems". Oxford University Press, EUA, 1999.

[72] E. BONABEAU, et G. THERAULAZ, "Inteligência colectiva", Hermès, 1994.

[73] E. BONABEAU, G.THERAULAZ, J. L. DENEUBOURG, et S. CAMAZINE, "Self-organization in social insects". Trends in Ecology and Evolution, vol. 12: pp. 188-193, 1997.

[74] S. AUPETIT, N. MONMARCHÉ, M. SLIMANE, C. GUINOT, G. VENTURINI, "Clustering and Dynamic Data Visualization with Artificial Flying Insect", Genetic and Evolutionary Computation Conference (GECCO), 2003.

[75] R.P. DOMINGOS, R. SCHIRRU, C.M.N.A. PEREIRA, "Particle Swarm Optimization in reator core designs", Nuclear Science and Engineering, vol. 7, p. 152, 2006.

[76] J. KENNEDY, R.C. EBERHART, "Particle Swarm Optimization", In: Proceedings of IEEE International Conference on Neural Networks, vol. 4, pp. 1942-1948, 1995.

[77] C.M.N.A. PEREIRA, C.M.F. LAPA, A.C.A. MOL, A.F. LUZ, "A PSO approach for preventive maintenance scheduling optimization", In: International Nuclear Atlantic Conference, 2009.

[78] L. N. D. CASTRO, J. I. TIMMIS, "Sistemas imunitários artificiais: Uma nova inteligência computacional

approach", Berlim, Springer - Verlag, 2003.

[79] L. N. D. CASTRO, "Sistemas Imunológicos Artificiais: Teoria e Aplicações", VI Simpósio Brasileiro de Redes Neurais, 2000.

[80] P. KOURILSKY, "Immunologie moléculaire", Académie des Sciences Collège de France, 2007.

[81] S. A. HOFMEYR, S. FORREST, "Immunity by Design; An Artificial Immune System", Dept. of Computer Science University of New Mexico, 2004.

[82] L. N. D. CASTRO, F. J. V. ZUBEN, "Sistema imunitário artificial: Parte II - Um levantamento de aplicações", Relatório Técnico, DCA-RT, Fev 2000.

[83] L. N. D. CASTRO, "Uma Introdução aos Sistemas Imunitários Artificiais", ICANNGA - Praga, 22-25 de abril, 2001.

[84] J. BROWNLEE, "Clonal Selection Theory & Clonalg selection classification algorithm (CSA)", Mestrado em Tecnologias da Informação, Swinburne University of Technology, 2004.

[85] L. N. D. CASTRO, J. TIMMIS, "In Artificial Neural Networks in Pattern Recognition Artificial Immune Systems: A Novel Paradigm to Pattern Recognition", Universidade de Paisley, Reino Unido, pp. 67-84, 2002.

[86] H. KHELIL, A. BENYETTOU, "Aplicação do sistema imunitário artificial normal e melhorado para o reconhecimento de caractéres artificiais", Laboratório de Imagem e Sinalização SIMPA, Universidade de Ciências e Tecnologia de Oran, 2006.

[87] M. M. MANTHA, "The truth about your immune system; what you need to know", Harvard College, États-Unis, 2004.

[88] L. N. d. CASTRO , F. J. V. ZUBEN, "Learning and Optimization Using the Clonal Selection Principle", Transactions on Evolutionary Computation / Special Issue on Artificial Immune Systems, vol. 6, n. 3, pp. 239-251, 2002.

[89] L.N D. CASTRO, J. TIMMIS, "Artificial immune system as a Novel Soft Computing paradigm", Computing laboratory, University of Kent at Canterbury, Soft Computing Journal, vol. 7 julho, 2003.

[90] L. N. D. CASTRO, F. J. V. ZUBEN, "A Construção de uma Rede Neural Booleana Competitiva Utilizando Ideias da Imunologia", Neuro-computing, 50C, pp. 51-85, 2003.

[91] L. N. D. CASTRO, F. J. V. ZUBEN, "Sistemas imunitários artificiais: Parte I - Teoria básica e aplicações", Relatório Técnico TR - DCA, Dez 1999.

[92] A.WATKINS, "Exploiting immunological metaphors in the development of serial/parallel and distributed learning algorithms", PhD de l'université de Kent.

[93] M. MOUTSCHEN, "Immunologie générale", Universidade de Liège, 2009.

[94] N.K. JERNE, C. SALMON et R. ANDRE, "Les anticorps", Vulgaris-Médicale 2009.

U. AICKELIN, S. CAYZER, "The danger theory and its application to Artificial Immune Systems", 1st International Conference on Artificial Immune Systems, Canterbury, UK, pp. 141-148, 2002.

F. BURNET, "The clonal selection theory of acquired immunity", Nashville, TN, Vanderbilt University Press, 1959.

D. DASGUPTA, F. GONZALEZ, "Artificial Immune System (AIS) research in the last five years", The 2003 Congress on Evolutionary Computation, CEC '03, vol.1, pp. 123-130, 2003.

R.GOLDSBY, T. KINDT, B. OSBORNE, "Kuby Immunology", Quarta Edição, WH Freeman at MacMillan Press, 2000.

J. GREENSMITH, U. AICKELIN, J. TWYCROSS, "Detecting Danger: Applying a Novel Immunological Concept to Intrusion Detection Systems", 6.ª Conferência Internacional sobre Computação Adaptativa na Conceção e Fabrico (ACDM 2004), Bristol, Reino Unido, 2004.

S. A. HOFMEYR, "An interpretative introduction to the immune system", In Design Principles for the Immune System and Other Distributed Autonomous Systems, Nova Iorque, Oxford University Press, 2000.

N. K. JERNE, "Towards a Network Theory of the Immune System", Annales d'Immunologie, Institut Pasteur, vol. 125, pp. 373-389, 1974.

P. MATZINGER, "An innate sense of danger", Seminars in Immunology, vol. 10, pp. 399-415, 1998.

A. HABOUSSI, "Sistemas imunitários artificiais para o diagnóstico de sistemas complexos".

Mémoire de Magister, universidade de BATNA, 2012.

J. TWYCROSS, U. AICKELIN, "Towards a concetual framework for innate immunity", Actas da 4ª Conferência Internacional sobre Sistemas Imunitários Artificiais ICARIS-2005, LNCS 3627, Springer-Verlag, Banff, Canadá, pp.112-125, 2005.

A. WATKINS, "AIRS: A resource limited artificial immune classifier", Tese da Universidade do Mississipi do Departamento de Informática. Mississippi, 2001.

A. WATKINS, L. BOGGESS, "A New Classifier Based on Resources Limited Artificial Immune Systems". Proceeding congress de Evolutionary Computation, IEEE World Congress on Computational Intelligence realizado em Honolulu, pp 1546-1551. IEEE. EUA, 2002.

A. WATKINS, J. TIMMIS, L. BOGGESS, "Artificial immune recognition system (AIRS): an immune inspired supervised learning algorithm", Journal de l'académie Kluwer Genetic Programming and Evolvable Machines, pp 291-317, 2004.

J.D. FARMER, N.H. PACKARD, A.S. PERELSON, "The immune system, adaptation, and machine learning", Physica 22D 187-204, 1986.

D. DASGUPTA, "an Overview of Artificial Immune Systems and Their Applications", In Dasgupta, (editor), Artificial Immune Systems and Their Applications, Berlin: Springer-Verlag, pp.3-21, 1998.

[110] S. FORREST, "Computer Immunology", Communications of the ACM, vol. 40, N°10, pp. 88-96, 1997.

[111] S. FORREST, "Immunology as Information Processing", em Design Principles for Immune Systems and Other

Distributed Autonomous Systems, 2000.

[112] J. E. HUNT, D. E. COOKE, "Learning Using an Artificial Immune System", Journal of Network and Computer Applications, vol. 19, 1996.

[113] M. NEAL, J.TIMMIS, J. HUNT, "Um sistema imunitário artificial para a análise de dados", Pub-Med, 2000.

[114] L. DOYEN, "Modélisation et évaluation de l'efficacité de la maintenance des systèmes réparables", Rapport Technique, Université Joseph Fourier, Rapport de DEA de Mathématiques Appliquées, 2001.

[115] R.E. BARLOW, F. PROSCHAN, "Mathematical Theory of Reliability", Wiley, New-York, 1965.

[116] G. BUDAI, R. DEKKER, R.P. NICOLAI, "A review of planning models for maintenance and production", relatório do Instituto Económico, 2006.

[117] R. DEKKER, "Applications of maintenance optimization models: a review and analysis", Reliability Engineering and System Safety, vol. 51, N°3, pp. 229-240, Mars 1996.

[118] C. BERENGUER, A. GRALL, B. CASTANIER, "Simulation and evaluation of condition based maintenance policies for multi-component continuous-state deteriorating systems", Proceedings of the European Safety and Reliability Conference - ESREL'2000 - 15-17 may 2000, Edinburgh, Ecosse, pp. 275-282, 2000.

[119] E. CHATELET, C. BERENGUER, "Estado da arte dos métodos e instrumentos de simulação das estratégias de manutenção", Relatório técnico - Lote 1, 2001.

[120] R.E. Barlow, L.C. Hunter, "Optimum preventive maintenance policies", Operation research, vol. 8, pp. 90-100, 1960.

[121] E. DELOUX, "Politiques de maintenance conditionnelle pour un système à dégradation continue soumis à un environnement stressant", Tese de doutoramento, Ecole des mines de Nantes, 2008.

[122] O. DOYEN, "Modélisation et évaluation de l'efficacité de la maintenance des systèmes réparables", Tese de doutoramento, INPG, 2004.

[123] G. CELEUX, F. CORSET, A. LANNOY, et B. RICARD, "Designing a Bayesian network for preventive maintenance from expert opinions in a rapid and reliable way", Reliability Engineering and System Safety, vol. 91, N°7, pp. 849-856, Juillet 2006.

[124] J.I ANSELL e M.J. PHILLIPS, "Practical aspects of modelling of repairable systems data using proportional hazards models", Reliability Engineering and System Safety, vol. 58, pp. 165-171, 1997.

[125] A. BARROS, "Maintenance des systèmes multi composants sous surveillance imparfaite : modélisation stochastique et optimisation", tese de doutoramento, Université de Technologie de Troyes, 2003.

[126] C. BUNEA et T. BEDFORD, "The robustness of maintenance optimisation to modeling assumptions", In Proceedings of the European Safety and Reliability Conference -ESREL'2001 - 16-20 de setembro, Torino, Itália, 2001.

[127] R. DEKKER, "Applications of maintenance optimization models: a review and analysis", Reliability Engineering and System Safety, vol. 51, pp. 229-240, 1996.

[128] Y. DIJOUX et O. GAUDOIN, "The alert-delay competing risks model for maintenance analysis", Journal of Statistical Planning and Inference, In Press, 2008.

[129] B. SMYTH et E. MCKENNA, "Competence models and the maintenance problem", Computational Intelligence:

Special Issue on Maintaining Case-Based Reasoning Systems, In Press, 2002.

[130] U. GURLER, A. KAYA, "A maintenance policy for a system with multi-state components: an approximate solution", Reliability Engineering and System Safety, vol. 76, N° 2, pp. 117-127, Mai 2002.

[131] L. HAITAO, A. ELSAYED, Y. LING, "Chan Maintenance of continuously monitored degrading systems", European Journal of Operational Research, vol. 175, N° 2, pp. 821-835, dezembro de 2006.

[132] J.S. IVY, S.M. POLLOCK, "Marginally monotonic maintenance policies for a multi-state deteriorating machine with probabilistic monitoring and silent failures", IEEE Transactions on Reliability, vol. 54, N° 3, pp. 489-97, Septembre 2005.

[133] W. FELLER, "An Introduction to Probability Theory and Its Applications", Wiley Series in Probability and Mathematical Statistics, 2[end] edition, 1971.

[134] W. KUBIAK, J. BLAZEWICZ, P. FORMANOWICZ, J. BREIT, G. SCHMIDT, Two-machine flow shops with limited machine availability, European Journal of Operational Research, pp. 528540, 2002.

[135] T. CHENG, G. WANG, "An improved heuristic for two-machine flow shop scheduling with an availability constraint, Operational Research Letters, vol. 26, pp.223-235, 2005.

[136] H. ALLAOUI, A. ARTIBA, "Integrating simulation and optimization to schedule a hybrid flow shop with maintenance constraints", Computers and Industrial Engineering, vol. 47, pp. 431-450, 2004.

[137] O. ENGIN, A. DOYEN, "A new approach to solve hybrid flow shop scheduling problems by artificial immune system", Future Generation Computer Systems, vol. 20, pp. 1083-1095, 2004.

[138] I. ADIRI, J. BRUNO, E. FROSTING, "Programação em tempo real de uma máquina com uma única avaria", Ata Inform, vol. 26, pp. 679-696, 1998.

[139] C.R. REEVES, A genetic algorithm for flow shop sequencing, Computers and Operations Research vol. 22, 5-13, 2005.

[140] E. KUTANOGLU, "Minimizing job delayiness using integrated preventive maintenance planning and production scheduling", IIE Transactions, vol. 35, N°6, pp. 503-513, 2003.

[141] J. BLAZEWICZ, J. BREIT, P. FORMANOWICZ, W. KUBIAK, G. SCHMIDT, "Heuristic algorithms for the two-machine flow shop problem with limited machine availability Omega", vol. 29, pp. 599-608, 2001.

[142] J. BREIT, "A polynomial-time approximation scheme for the two-machine flow shop scheduling problem with an availability constraint", Computers and Operations Research, vol. 33, pp. 21432153, 2006.

[143] R. RUIZ, J.C. G. DiAZ, C. MAROTO, "Considering scheduling and preventive maintenance in the flow shop sequencing problem", Computers and Operations Research, vol. 34, pp. 3314-3330, 2007.

[144] A. ALLAHVERDI, "Two-stage production scheduling with separated setup times and stochastic breakdowns", Journal of Operational Research Society, vol. 46, pp. 896-904, 1995.

[145] M. NAWAZ, E.E. ENSCORE, I. HAM, "A heuristic algorithm for the m-machine, n-job flow shop sequencing problem OMEGA", The International Journal of Management Science, vol. 11, N°1, pp. 91-95, 1983.

[146] D.L. YANG, C.J. HSU, W.H. KUO, "A two-machine flow shop scheduling problem with a separated maintenance constraint", Computers and Operations Research, vol. 35, N° 3, pp. 876-883, 2008.

[147] G. SCHMIDT, "Scheduling with limited machine availability", European Journal of Operational Research, vol. 121, pp. 1-15, 2000.

[148] W.R. BLISCHKE, D.N.P. MURTHY, "Reliability Modeling, Prediction, and Optimization", John Wiley & Sons Inc., EUA, 2000.

[149] J.J. MCCALL, "Maintenance policies for stochastically failing equipment: a survey Management Science", vol. 11, pp. 493-524, 1956.

[150] W.P. PIERSKALL, J.A. VOELKER, "A survey of maintenance models: the control and surveillance of deteriorating systems", Naval Logistics Research Quarterly, vol. 23, pp. 353-388, 1976.

[151] Y.S. SHERIF, M.L. SMITH, "Optimal maintenance models for systems subject to failure", uma revisão da Naval Logistics Research Quarterly, vol. 23, pp. 47-74, 1976.

[152] J. HOLLAND, "Adaptation in Natural and Artificial Systems", University of Michigan Press, Ann Arbor, USA, 1975.

[153] D.E. GOLDBERG, "Genetic Algorithms in Search, Optimization and Machine Learning", Reading Addison-Wesley, USA, 1989.

[154] B.A. NORMAN, J.C. BEAN, "A genetic algorithm methodology for complex scheduling problems", Naval Research Logistics, vol. 46, pp. 199-211, 1999.

[155] M. ZANDIEH, S.M.T. F. GHOMI, S.M. M. HUSSEINI, "An immune algorithm approach to hybrid flow shops scheduling with sequence dependent setup times", Journal of Applied Mathematics and Computation, vol. 180, pp. 111-127, 2006.

[156] R.H. YEH, "State-age-dependent maintenance policies for deteriorating systems with Erlang sojourn time distributions", Reliability Engineering and System Safety, vol. 58, pp. 55-60, 1997.

[157] A.K.S. JARDINE, T. JOSEPH, D. BANJEVIC, "Optimizing condition-based maintenance decisions for equipment subject to vibration monitoring", Journal of Quality and Maintenance Engineering, vol. 5, pp. 1355-2511, 1999.

[158] C.T. LAM, R.H. YEH, "Optimal replacement policies for deteriorating systems under various maintenance strategies", IEEE Transactions on reliability, vol. 43 pp. 423-430, 1994.

[159] C.M.F. LAPA, C.M.N.A. Pereira, M.P. D. BARROS, "A model for preventive maintenance planning by genetic algorithms based in cost and reliability", Reliability Engineering and System Safety, vol. 91, N°2, pp. 233-240, Février 2006.

[160] S.WU, D. CLEMENTS-CROOME, Optimal maintenance policies under different operational schedules. IEEE Transactions on Reliability, vol. 54, N°2, pp. 338-346, 2005.

[161] N. ABRAMSON, "Information Theory and Coding", McGrawHill, Nova Iorque, 1963.

[162] A. ABDELHADI, L-H, MOUSS," Um novo método baseado num sistema multiagente e num sistema de

Sistema imunitário para manutenção sistemática", Research Journal of Applied Sciences, Engineering and Technology (RJASET), Vol. 7, N°19, pp. 4008-4017, ISSN: 2040-7459, Mai 2014.

[163] A. ABDELHADI, L-H, MOUSS, " Uma abordagem híbrida eficiente baseada em sistema multiagente e método

de emergência para a integração de políticas de manutenção preventiva sistemática na programação híbrida de flowshop para minimizar o makespan", Journal of Mechanical Engineering Research (JMER), VOL. 5, N°6, pp. 112-122, ISSN 2141-2383, setembro de 2013

[164] A. ABDELHADI, L-H, MOUSS, "A utilização de algoritmos de sistemas imunitários artificiais na monitorização industrial*. IEEE Explorer, pp. 50-55, Impressão ISBN:978-1-4673-1657-6, junho de 2013.

[165] A. ABDELHADI, L-H, MOUSS, " An Overview of Artificial Immune System Algorithms for Industrial Monitoring", International Review on Computers and software (IRECOS), VOL. 6, N°2, pp. 269-274, ISSN 1828-6003 Marte 2011

[166] A. ABDELHADI, L-H. MOUSS, O. KADRI, " Une nouvelle méthode basée sur le système multiagents et le système immunitaire artificiel pour la maintenance systématique" , ICIEM'2014 International Conference on Industrial Engineering and Manufacturing, Mai 6-7, 2014, Batna-Argélia

[167] A. ABDELHADI, L-H. MOUSS, O. KADRI, " Une approche hybride basé sur le système multiagents et les méthodes d'émergence pour la maintenance systématique", 8th International Conference Integrated Design And Production Cpi 2013 , October 21-23, 2013 - Tlemcen - Algeria

[168] A. ABDELHADI, L-H. MOUSS, O. KADRI, "Les algorithmes du système immunitaire Artificiel pour la surveillance industrielle", ICIEM'10 International Conference on Industrial Engineering and Manufacturing, Mai 9-10, 2010, Batna-Argélia.

MIX
Papier aus verantwortungsvollen Quellen
Paper from responsible sources
FSC® C105338

Printed by Books on Demand GmbH, Norderstedt / Germany